Burntwood School Library
Burntwood Lane
London SW17 0AQ
Tel: 020 8946 6201

Return on or before th

Paid

By the same author:

Standard Malay Made Simple
Speak Standard Malay: A Beginner's Guide
Standard Indonesian Made Simple
Speak Standard Indonesian: A Beginner's Guide
Indonesian In 3 Weeks
Indonesian Grammar Made Easy

First published 1995
Reprinted 1997

© 1995 TIMES EDITIONS PTE LTD

Published by Times Books International
an imprint of Times Editions Pte Ltd

Times Centre, 1 New Industrial Road
Singapore 536196
Fax: (65) 285 4871   Tel: (65) 284 8844
E-mail: te@corp.tpl.com.sg
Online Book Store: http://www.timesone.com.sg/te

Times Subang
Lot 46, Subang Hi-Tech Industrial Park
Batu Tiga, 40000 Shah Alam
Selangor Darul Ehsan, Malaysia
Fax & Tel: (603) 736 3517
E-mail: cchong@tpg.com.my

All rights reserved. No part of this publication may be
reproduced, stored in a retrieval system, or transmitted, in any
form or by any means, electronic, mechanical, photocopying,
recording or otherwise, without the prior permission of the
copyright owner.

Printed by Vine Graphic Pte Ltd

ISBN 981 204 570 8

CONTENTS

Preface v
Notes on Pronunciation viii

EASY INDONESIAN VOCABULARY

1.	Family	1
2.	Pronouns and Interrogatives	7
3.	Persons	14
4.	Verbs (I): Activities	21
5.	Parts of the Body	30
6.	Clothing	39
7.	Accessories	45
8.	Appliances and Utensils	53
9.	Prepositions	60
10.	The House	66
11.	Education and Communication	73
12.	Food	82
13.	Vegetables and Ingredients	90
14.	Drinks and Bakery Goods	98
15.	Fruits and Plants	103
16.	Arts and Entertainment	113
17.	Verbs (II): Cooking Terms	119
18.	Adjectives (I): Senses	124
19.	Times and Seasons	131
20.	Adverbs of Degree/Intensifiers	140
21.	Natural Features	147
22.	Adjectives (II): General	156
23.	Animals and Insects	165

24.	Verbal Adjectives	174
25.	Verbs (III): Auxiliary Verbs	180
26.	Verbs (IV): Causative and Linking Verbs	190
27.	Verbs (V): Shopping	197
28.	Verbs (VI): More Activities	205
29.	Adjectives (III): Persons	215
30.	Professions	222
31.	Occupations	230
32.	Travel and Transport	237
33.	War and Peace	246
34.	Money and Finance	257
35.	Diseases and Ailments	267
36.	Buildings	273
37.	Religion	286
38.	Crimes and Punishment	293
39.	Conjunctions	301
40.	Adjectives (IV): Miscellaneous	309

Numerals	317
Index: Indonesian-English Glossary	319
References	340
The Author	344

ABBREVIATIONS

anat.	anatomy		math.	mathematical
Chr	Christian		Med.	medicine
colloq.	colloquial		mil.	military
esp.	especially		pl.	plural
fin.	finance/financial		Prov.	proverbs
geog.	geography		s.o.	someone
Isl.	Islam		s.t.	something
Jav.	Javanese		Tel.	telephone
Leg.	legal		theat.	theatrical
lit.	literally		usu.	usually

PREFACE

The hallmark of any language is its vocabulary, which enables its user to talk about any subject under the sun. To master this vocabulary has always been one of the main objectives of language teaching and learning. Much research has been carried out towards this end.

Easy Indonesian Vocabulary aims to help the learners to master an essential Indonesian vocabulary quickly and easily. The essential vocabulary items, about 1001 of them, are easy to learn. They are divided into 40 sets of related words. Words that belong to the same set of meanings are classified under one unit. Some of the words are classified by semantic meaning, such as family, body, clothing, houses, food, education and communication, arts and entertainment. For example, under unit *5. Parts of the Body* are names of parts of the body; under unit *11. Education and Communication* are words used in the field of education and communication. Other words are classified into pronouns, interrogatives, adjectives, verbs and adverbs, prepositions and conjunctions according to their functions. Some of these words are further sub-divided. For example, adjectives are sub-divided into adjectives in general, adjectives that describe persons etc.; and verbs are sub-divided into verbs that describe daily activities; verbs that are used in shopping and verbs that carry the meaning 'to make something to have a particular quality or to be in a particular state'.

Each word in the unit is later illustrated in usage or collocation, in accordance with both its lexical meaning and derivative meaning. For example, under *mata* (eyes) in the unit *5. Parts of the Body* are *mata sipit* (slant-eyes); *mata dekat* (near-sighted). These are the primary or lexical meanings of the word *mata*. The derivative or metaphorical uses of the words are also included, such as *mata benda* (valuables); *mata air* (spring); *mata cincin* (stone in a ring) etc. These are just some of the compound words and phrases formed by the word *mata*. These words are not easy and are meant for quick references only. Indeed, some of the words and phrases used to illustrate the entry are quite difficult and also outside the ordinary experiences of most Indonesian-speaking people.

The word *easy* in the title of the book should be interpreted as easy-access to words that are needed in reading and writing. Nevertheless, the 1001 words which serve as entry to the collocation are certainly easy and should be learned by heart as a foundation of the Indonesian language. It should, however, be pointed out that words of similar meanings are sometimes regarded as one entry. For example, both *ayah* and *bapak* are listed under the entry "father".

At the end of the 40 units of related words are a list of numerals and an alphabetical index. The index should help the readers to find not only sets of words with related meanings, but also the usage of each of these words. For example, the word *guru* (teacher) is listed under the unit *30. Professions.* In this unit, you will find many words denoting different professions such as *bankir* (banker) and *dokter* (doctor) and these lead to words like *ahli* (specialist). And under *ahli* are listed no less than 30 kinds of specialists. However, words that are not further illustrated in collocation are not indexed.

In compiling the illustrations and collocations of the entries, I have used as sources a number of Indonesian textbooks and dictionaries, both monolingual and bilingual. A number of English-Indonesian dictionaries have also been consulted. These are listed on page 340.

This book is accompanied by another book entitled *Indonesian Grammar Made Easy.* Users of this book are strongly advised to consult this companion volume, as it discusses the structure of the Indonesian language and helps them to put words together to form meaningful sentences.

It remains now for me to thank a number of people who made the publication of this book possible. First, I must thank Ms Jamilah Mohd Hassan, the Senior Editor of Times Books International for suggesting the idea of this book to me. Second, to Assoc. Prof. Leo Suryadinata and Dr. Tan Cheng Lim, both my colleagues at the National University of Singapore for going through the manuscripts and making a number of useful suggestions. Last but not least, I must also thank Dr. Ian Caldwell, formerly my colleague at the Department, but now the Director of the Malay/Indonesian Language Programme, Hull University, United Kingdom, for his help in polishing the language. However, I alone am responsible for all the shortcomings and weaknesses of this book.

LIAW YOCK FANG
Department of Malay Studies
National University of Singapore
January 1995

NOTES ON PRONUNCIATION

Vowels
There are five vowels in Indonesian. Each vowel, except **e**, represents one sound.

a	sounds like	*a* in 'ask', e.g. *atas*
e	sounds like	*a* in 'ago', e.g. *kera*
	(when stressed sounds like	*e* in 'bed', e.g. *méja*)
i	sounds like	*i* in 'key', e.g. *kita*
o	sounds like	*o* in 'corn', e.g. *kota*
u	sounds like	*u* in 'put', e.g. *buku*

Diphthongs
ai	sounds like	*i* in 'I', e.g. *pandai*
au	sounds like	*o* in 'now', e.g. *pulau*
oi	sounds like	*oi* in 'boy', e.g. *sepoi*

Consonants
Indonesian consonants can be pronounced just like English consonants except that initiated consonants are not aspirated and **p**, **t** and **k** are not explosive.

Below is the pronunciation of alphabets in Indonesian.
A (ah), B (be), C (ce), D (de), E (e), F (ef), G (ge), H (ha), I (i), J (je), K (ka), L (el), M (em), N (en), O (o), P (pe), Q (ki), R (er), S (es), T (te), U (u), V (ve), W (we), X (eks,), Y (ye), Z (zet).

1. FAMILY

aunt	*bibi, tante, mbok*
baby	*bayi*
bride	*pengantin wanita/perempuan*
brother	*saudara, kakak, adik, abang, mas, dimas*
child	*anak*
cousin	*sepupu*
daughter	*putri, anak perempuan*
family	*keluarga, famili*
father	*ayah, bapak*
grandchild	*cucu*
grandfather	*kakék*
grandmother	*nénék*
heir	*ahli waris*
husband	*suami, laki*
in-laws	*mertua, menantu, ipar*
mother	*ibu*
nephew/niece	*kemenakan, keponakan*
parents	*orang tua*
son	*putra, anak laki-laki*
uncle	*paman, om*
virgin	*perawan, dara, gadis*
widow	*janda*
widower	*duda*
wife	*istri, bini*

bibi	*bibi* aunt; also used as an address to an older woman or a maid.
tante	*tante* aunt, ma'am. *tante girang* a middle-age, pleasure-seeking woman.
mbok	*mbok* is a form of address for older Javanese woman of humble origin. *mbok emban* nursemaid.
bayi	*bayi kembar* twins. *bayi mérah* newborn baby. *bayi tabung* test-tube baby. *bayi terlantar* foundling.
pengantin	*pengantin baru* newly weds. *pengantin laki-laki* bridegroom. *malam pengantin* wedding night.
saudara	*saudara* brother or sister. *saudara dekat* close relative. *saudara jauh* distant relative. *saudara kandung* full sibling. *saudara saudari* ladies and gentlemen. *saudara sepupu/misan* first cousin. *saudara tiri* stepbrother or stepsister. *sanak saudara* relatives.
kakak	*kakak* elder brother or sister. *kakak laki-laki* elder brother. *kakak perempuan* elder sister. *mbak* (Jav.) elder sister.
adik	*adik* younger brother/sister. *adik ipar* younger sister- or brother-in-law. *adik kandung* one's own (younger) brother/sister. *adik perempuan* younger sister. *adik sepupu* younger cousin.

abang	*abang* elder brother. *abang supir* car driver, chauffeur.
mas	*mas* (Jav.) elder brother. *Mas Kassim* Mr. Kassim.
dimas	*dimas* (Jav.) younger brother.
anak	*anak* child. *anak Adam* human being. *anak angkat* adopted child. *anak asuh(an)* disciple, protégé; foster child. *anak bangsawan* actor in a folk play. *anak bini* wife and child(ren). *anak bungsu* youngest child. *anak cucu* children and grandchildren; descendants. *anak dara* virgin. *anak dara sunti* girl approaching puberty. *anak didik* pupil, protégé. *anak gadis* unmarried girl. *anak jadah* illegitimate child. *anak kandung* one's own flesh and blood. *anak kapal* sailor; crew member. *anak kembar* twins. *anak kemenakan* nephew/niece. *anak laki-laki* son; boy. *anak mantu/menantu* son- or daughter-in-law. *anak mas* favourite child. *anak muda* youth. *anak murid* pupil, schoolchild. *anak negeri* subject (of a state). *anak perahu* sailor. *anak perawan* virgin. *anak piara* foster child. *anak piatu* orphan. *anak pungut* adopted child. *anak saudara* cousin; nephew/niece; relatives. *anak sekolah* pupil, schoolchild. *anak tanggung* adolescent, teenager. *anak teruna* youth. *anak tiri* stepchild. *anak uang* (fin.) interest. *anak wayang* (theat.) member of the cast. *anak yatim* orphan.

sepupu	*saudara sepupu* first cousin.
putri	*putri* girl. *putri duyung* mermaid. *putri sejati* a true princess. *anak putri* daughter. *sekolah putri* girls' school.
keluarga	*keluarga berencana* family planning. *keluarga inti* nuclear family. *keluarga semenda* in-laws. *kaum keluarga* family. *kepala keluarga* head of the family.
ayah	*ayah bunda* parents. *ayah kandung* one's own father. *ayah tiri* stepfather.
bapak	*bapak angkat* foster father. *bapak guru* the teacher. *bapak muda* uncle (younger brother of father/mother). *bapak tiri* stepfather. *bapak tua* uncle (older brother of father/mother).
cucu	*cucu* grandchild, grandson/granddaughter. *cucu Adam* human being. *cucu sepupu* brother's/sister's grandchild. *anak cucu* descendant.
kakék	*kakék* grandfather. *kakék-kakék* old man. *kakék moyang* ancestors.
nénék	*nénék* grandmother. *nénék-nénék* old woman. *nénék moyang* ancestors.
suami	*suami isteri* husband and wife. *calon suami* prospective husband.
laki	*laki bini* man and wife. *anak laki-laki* son.

mertua	*mertua* father- or mother-in-law. *ayah mertua* father-in-law.
menantu	*menantu* son- or daughter-in-law.
ipar	*ipar* brother- or sister-in-law. *ipar laki-laki* brother-in-law, *ipar perempuan* sister-in-law.
ibu	*ibu angkat* foster mother. *ibu bapak* parents. *ibu guru* form of address to female teacher. *ibu jari* thumb. *ibu kaki* big toe. *ibu kandung* one's own mother. *ibu kota* capital city. *ibu negeri* capital. *ibu pertiwi* fatherland. *ibu rumah tangga* housewife. *ibu suri* queen mother. *ibu tiri* stepmother. *bahasa ibu* mother tongue. *Hari Ibu* Mother's Day.
kemenakan	*kemenakan* nephew or niece. *kemenakan laki-laki* nephew. *kemenakan perempuan* niece.
putra	*putra Indonesia* children of Indonesia. *putra mahkota* crown prince.
paman	*paman* uncle; form of address for a respectable man.
om	*om* uncle; form of address for a man. *om senang* a pleasure-seeking uncle; womanizer.
perawan	*perawan* virgin. *perawan kencur* a girl entering puberty. *perawan tua* spinster. *hutan perawan* virgin forest.

dara	*dara sunti* young girl. *dara tua* spinster. *anak dara* virgin girl.
gadis	*gadis besar* big girl (above 18). *gadis kecil* small girl (above 13). *gadis tua* old girl (above 35).
janda	*janda berhias* childless widow. *janda cerai* divorcee. *janda kandel/tebal* rich widow. *janda kembang* beautiful young widow. *janda laki-laki* widower. *janda muda* young widow.
duda	*duda kembang* young widower without children.
istri	*istri muda* young wife. *istri piaraan* mistress, concubine. *istri tua* the first wife.
bini	*bini muda* young wife. *bini simpanan* mistress. *bini tua* first wife. *anak bini* family. *laki bini* man and wife.

2. PRONOUNS AND INTERROGATIVES

I. PRONOUNS

all	*semua, segala, segenap*
each	*tiap, masing-masing*
he, she, it	*dia, ia, beliau*
here	*sini*
I, me	*saya, aku, sini* (colloq.)
Miss	*Nona*
Mr.	*Tuan*
Mrs.	*Nyonya*
my, mine	*saya punya*
person	*orang*
self	*sendiri*
that	*itu*
there	*situ, sana*
they	*meréka*
this	*ini*
we, us	*kita, kami*
whole	*seluruh, semesta*
you, your	*Anda, kamu, engkau, kalian* (pl.), *situ* (colloq.)

II. INTERROGATIVES

how	*bagaimana, apa pasal*
how much	*berapa*
what	*apa*
when	*kapan, bila*

where	*mana*
whether	*apakah*
which	*yang mana*
who, whose	*siapa*
why	*mengapa, kenapa*

semua — *semua orang* all the people. *semua warga negara* all citizens. *semuanya* everything. *kami semua* all of us.

segala — *segala apa* everything. *segala hutangnya* all his debts. *segala macam penyakit* all sorts of diseases. *segala sedikit* a little of everything. *segala sesuatu* everything. *segala-galanya* everything.

segenap — *segenap usahanya* all his efforts.

tiap — *tiap bulan* every month. *tiap hari* every day. *tiap kali* every time. *tiap kita* each of us. *tiap orang* each person. *tiap-tiap* each and every. *tiap-tiap pegawai* every officer. *setiap saat* every moment.

masing-masing — *Masing-masing mengemukakan pikirannya* Each put forward his/her idea.

dia — *dia orang* they. *dia punya* his/hers. *itu dia* that is it. *si dia* the loved one.

beliau — *beliau* is a term refering to a respectable person.

sini	*sini sudah setuju* I agree. *dari sini* from here. *di sini* here. *ke sini!* come here!
saya	*saya sendiri* I myself (speaking). *saya, tuan* yes, sir.
aku	*sang aku* ego.
nona	*nona manis* a sweet girl.
tuan	*Tuan Ali* Mr. Ali. *tuan besar* boss. *tuan kebun* estate owner. *tuan pabrik* factory owner. *tuan putri* princess. *tuan rumah* host. *tuan tanah* landlord.
nyonya	*tuan-tuan dan nyonya-nyonya* ladies and gentlemen.
orang	*orang asing* foreigner. *orang awak* fellow countrymen/Minangkabauan. *orang awam/biasa* ordinary people. *orang banyak* the public. *orang baru* newcomer. *orang besar* dignitary. *orang dagang* merchant. *orang dalam* insider. *orang dapur* wife. *orang désa* villager. *orang halus* spirit. *orang hutan* forest dweller. *orang Jakarta* a Jakartan. *orang kampung* villager. *orang kaya* rich person. *orang kebanyakan* commoner. *orang kecil* common, ordinary person. *orang kepercayaan* confidant. *orang luar(an)* outsider. *orang mampu* person of means. *orang ramai* the public; crowd. *orang rumah* member of the family. *orang sebelah* neighbour. *orang seorang* an individual. *orang tua* old person; one's

	parents. *dia orangnya* he is the man. *mana orangnya?* where is the man (= he)?
sendiri	*sendiri saja* all alone. *anaknya sendiri* his/her own child. *berdiri sendiri* stand on one's own. *dengan sendirinya* automatically. *dia sendiri* he himself or she herself. *sendirian* alone.
itu	*itu dia* that is it. *itu-itu saja* those very same things. *itu tidak boléh* that cannot be done.
situ	*dari situ* from there. *di situ* there. *ke situ* to that place. *Siapa bilang situ sudah tua?* Who says that <u>you</u> are old?
sana	*sana sini* here and there. *ke sana* go there. *pihak sana* the third person, he.
meréka	*mobil meréka* their car.
ini	*ini dia* that is it. *belakangan ini* recently. *malam ini* tonight. *sekarang ini* now. *sejauh ini* so far.
kita	*kita orang* we, us. *kita semua* all of us. *antara kita saja* just between us. *dia orang kita* he is our man.
kami	*kami sekeluarga* my family and I. *Hormat kami* (in letter writing) Yours respectfully. *rumah kami* our house.
seluruh	*seluruh dunia* the whole world. *seluruh malam* the whole night.

semesta	*semesta alam* universe. *atlas semesta dunia* world atlas.
Anda	*Anda sekalian* all of you.
kamu	*kamu sekalian* all of you.
bagaimana	*bagaimana dengan …?* how is …? *Bagaimana hal itu terjadi?* How did that happen? *Bagaimana kabarmu?* or *Bagaimana kabarnya?* How are you getting on? *Bagaimana kalau …?* How about it if …? *Bagaimana keadaan Anda sekarang?* How are you now? *Bagaimana mungkin?* How can that be possible? *Bagaimana nanti?* What is going to happen latter? *Bagaimana rasanya?* How is the taste like? *bagaimanapun* anyhow. *sebagaimana …* in the same manner as …. *yang bagaimanapun* whatever; as.
berapa	*berapa harga/duit?* what is the price? *berapa lagi?* how many more? *berapa orang?* how many people? *berapa lama?* how long? *beberapa* several. *seberapa* as much as. *seberapa boléh* as far as possible. *jam/pukul berapa?* what's the time? *tidak seberapa* not much.
apa	*Apa Anda sakit?* Are you ill? *apa boléh buat?* what can one do? *apa itu?* what is that? *apa kabar?* what is the news (how are you)? *apa lagi?* what else? *apa saja* everything. *apa-apa* anything. *Apakah tamu itu pamanmu?* Is the guest your

uncle? *apapun yang terjadi* no matter what happens. *Anak itu apamu?* How is the child related to you? *Hari apa sekarang?* What day is it today? *Mau minum apa?* What do you want to drink? *Mesti ada apa-apa dengan orang itu?* There must be something wrong with that man? *Saudara lagi apa?* What are you doing? *Saudara perlu/mau apa?* What (do you) want? *Saudara sakit apa?* What's wrong with you? *tidak apa/apa-apa* it does not matter.

kapan   *Kapan saya bisa ketemu saudara?* When can I see you? *kapan saja* anytime. *kapan-kapan* at any time.

bila   *bila mungkin* when possible. *bila perlu* if needed/necessary. *bila-bila saja* any time. *bilamana* whenever.

mana   *mana bisa/boléh/mungkin* how could it be, impossible. *mana pula/lagi* moreover. *mana pun* anywhere at all. *mana saja* whichever. *Mana saya tahu?* How do I know? *mana suka* optional. *mana tahan* how can one endure it. *mana tahu* who knows. *mana-mana* wherever. *Buku ini tidak dijual di mana-mana* This book is not sold anywhere. *dari mana?* from where? *di mana?* where? *di negara mana pun* in whichever country. *ke mana* where to? *orang mana?* what nationality?

yang mana   *yang mana yang baik?* which one is good?

siapa	*siapa dan apa?* who's who? *siapa itu?* who is that? *siapa konon* whoever, who. *siapa lu siapa gua* (colloq.) every person for himself. *Siapa namanya?* What is his name? *siapa pun/saja* whoever. *siapa-siapa* whoever. *barang siapa* anyone, whoever.
mengapa	*Mengapa dia?* What is he doing? *Mengapa dia di kamar?* What is he doing in the room? *Mengapa Saudara belajar bahasa Indonesia?* Why do you learn Indonesian? *Mengapa Saudara di sini?* Why are you here? *Mengapa Saudara tidak datang?* Why did not you come? *Sedang mengapa Saudara?* What are you doing?
kenapa	*Kenapa anak itu menangis?* Why is the child crying? *Kenapa cepat-cepat?* What's all the rush? *Kenapa tangan kamu?* What happened to your hand?

3. PERSONS

address	*alamat*
adult	*déwasa*
age	*umur, usia*
bachelor	*bujang, jejaka*
birthday	*hari lahir, ulang tahun*
citizen	*warga*
country	*negara, negeri*
couple	*pasangan (suami istri)*
divorced	*cerai*
engaged	*bertunang (tunang)*
friend	*teman, sahabat, kawan, rekan*
guardian	*wali*
head	*penghulu, ketua*
inhabitant	*penduduk, penghuni*
job	*kerja*
language	*bahasa*
licence, driving	*rébewés SIM* (colloq.)
man	*manusia; pria, laki-laki, lelaki, cowok* (colloq.)
marry	*kawin, nikah*
member	*anggota*
name	*nama*
race	*bangsa, ras*
religion	*agama*
sex	*kelamin, seks*
teenager	*remaja*
title	*gelar*
woman	*wanita, perempuan, céwék* (colloq.)

alamat	*alamat kantor* office address. *alamat pengirim* sender's address. *alamat rumah* home address. *alamat surat* address on an envelope. *dengan alamat* care of. *salah alamat* wrong address.
déwasa	*déwasa ini* at the present time. *déwasa kelamin* sexually-matured person. *orang déwasa* adult. *Dia sudah déwasa* He/She has grown up.
umur	*umur berapa?* how old are you? *ada umur ada rezeki* as long as there is life, there is livelihood. *di bawah umur* under age. *lanjut umur* old. *sampai umur* adult. *setengah umur* middle aged. *seumur* of the same age. *seumur jagung* young as maize, i.e. very young.
usia	*usia harapan hidup* life expectancy. *usia kawin* marrying age. *usia sekolah* school-going age. *usia senja* old age.
bujang	*bujang bercerai* a divorced male. *bujang talang* a man without a wife. *bujangan* unmarried (person). *Ia masih bujang* He is still single.
jejaka	*jejaka tua* confirmed bachelor.
lahir	*lahir dari perkawinan yang sah* born in wedlock. *hari lahir* birthday. *sejak lahir* since birth. *surat lahir* birth certificate. *tanah lahir* country of birth.

warga	*warga désa* villager. *warga dunia* world citizen. *warga kota* town dweller. *warga masyarakat* member of a community. *warga negara* citizen of a country. *warga negara asing* foreign citizen. *warga negara asli* citizen by birth.
negara	*negara asal* country of origin. *negara hukum* constitutional state. *negara kepulauan* island country. *negara kesatuan* unitary state. *negara sejahtera* welfare state. *negara tujuan* country of destination. *negara yang sedang berkembang* developing countries. *perusahaan negara* state-owned industry.
negeri	*negeri awak* country of birth. *negeri dingin/kincir* cold country. *negeri Hang Tuah* Malaysia. *negeri leluhur* country of one's ancestors; country of origin. *negeri orang* foreign country. *negeri sakura* Japan. *luar negeri* foreign country.
pasangan	*pasang* pair, set. *pasangan hidup* life partner. *pasangan muda-mudi* young couple. *pasangan suami istri* married couple.
cerai	*cerai susu* wean. *bercerai* get divorced. *minta cerai* ask for a divorce.
tunang	*cincin tunang* engagement ring. *Mereka sudah bertunang* They are engaged.
teman	*teman akrab* close friend. *teman hidup* life's companion. *teman sekelas* classmate.

	teman sepekerjaan colleague. *teman serumah* housemate. *Dia punya banyak teman* He has many friends.
sahabat	*sahabat karib/kental* an intimate friend. *sahabat péna* pen pal. *bersahabat* to be friendly with.
kawan	*kawan dan lawan* friends and enemies. *kawan sederajat* equal partner. *kawan sekamar* roommate. *kawan sekerja* colleague. *kawan sepermainan* playmate.
rekan	*rekan sekelas* classmate. *rekan sekerja/sejawat* colleague. *rekan wartawan* co-journalist.
wali	*wali Allah* (Isl.) saint. *wali hakim* a judge who acts as a guardian. *wali kota* mayor. *wali murid* a student's guardian. *Wali Sanga* the nine Islamic leaders who spread Islam in Java.
penghulu	*penghulu hutan* forest watcher. *penghulu kampung* village head. *penghulu kawal* head watchman.
ketua	*ketua adat* customary head. *ketua kehormatan* honorary chairman. *ketua muda* vice-chairman. *ketua pelaksana* executive chairman. *ketua umum* general chairman.
penduduk	*duduk* sit; reside. *penduduk asli* original inhabitants. *penduduk Jakarta* Jakarta resident. *penduduk kota* city dwellers.

penghuni *penghuni asrama* hostel dwellers. *penghuni rumah* house occupants.

kerja *kerja* job; work. *kerja bakti* voluntary work. *kerja borong* contract work. *kerja lapangan* field work. *kerja lembur* overtime work. *kerja prakték* practical work. *kerjasama* co-operation. *kerja tangan* handicraft. *bekerja* to work. *pekerja* worker. *cara kerja* working method. *tenaga kerja* work force.

bahasa *bahasa asing* foreign language. *bahasa baku* standard language. *bahasa buku/tulis* written language. *bahasa daérah* regional language. *bahasa dunia* world language. *bahasa hidup* living language. *bahasa ibu* mother tongue. *bahasa gerak/isyarat* sign language. *bahasa lisan* spoken language. *bahasa mati* dead language. *bahasa pengantar* language of instruction. *bahasa pergaulan* language of social intercourse. *bahasa persatuan* language of unity. *bahasa resmi* official language. *bahasa sehari-hari* daily language. *tidak tahu bahasa* no manners.

rébewés *rébewés berarti SIM (Sijil Mengemudi Mobil)* 'rébewés' means driving licence.

manusia *manusia biasa* ordinary man. *manusia katak* frogman. *manusia purba* ancient man. *manusia siap pakai* trained worker.

pria *pria dan wanita* men and women. *pria idaman* ideal man. *dunia pria* men's world.

kaum pria the man. *jejaka* young man.

laki-laki *Dia bertindak sebagai laki-laki* He acted like a man.

kawin *kawin campur* mixed marriage. *kawin kantor/catatan sipil* civil marriage. *kawin lari* elopement. *kawin paksa* forced marriage. *mas kawin* dowry. *surat kawin* marriage certificate.

nikah *akad nikah* marriage contract. *hidup sebagai suami istri tanpa nikah (= kumpul kebo)* live as husband and wife without marriage. *surat nikah* marriage certificate.

anggota *anggota kehormatan* honorary member. *anggota keluarga* family member. *anggota partai* party member. *anggota penderma* donor. *anggota pengurus* board member. *anggota tentara* soldier.

nama *nama akhir* last name. *nama depan/muka* first name. *nama diri* one's name. *nama kecil* forename. *nama keluarga* family name. *nama penuh/lengkap* full name. *nama saja* in name only. *nama samaran* pseudonym. *atas nama* in the name of.

bangsa *bangsa bahari* seafaring people. *bangsa barat* westerners. *bangsa déwék* our own people. *bangsa murni* pure race. *bangsa témpé* a beancake race, i.e. inferior race. *bangsa terbelakang* the underdeveloped nations. *bangsa yang sedang berkembang* the developing nations. *kebangsaan* nationality. *sebangsa* of the same nationality. *ilmu bangsa-bangsa/etnologi* ethnology. *kusuma bangsa* national heroes. *suku bangsa* ethnic groups.

kelamin *sekelamin* husband and wife. *alat kelamin* sex organ. *jenis kelamin* sex. *penyakit kelamin* venereal disease.

remaja *golongan remaja* the teenage group. *kenakalan remaja* youth delinquency. *masa remaja* adolescence.

gelar *gelar bangsawan* title of nobility. *gelar dokter* a medical doctor's degree. *gelar kesarjanaan* academic degrees. *gelar pusaka* hereditary title.

wanita *wanita adam (wadam)* transvestite. *wanita karier* career woman. *wanita panggilan* call girl. *wanita PTS (Pelacur Tuna Susila)* prostitute. *kaum wanita* the women folk.

perempuan *perempuan galak* an aggressive woman. *perempuan jahat/nakal* a bad/naughty woman. *perempuan jalang/lacur* prostitute. *gila perempuan* crazy about women. *orang perempuan* women folk.

4. VERBS (I): ACTIVITIES

arrive	*sampai, tiba*
bathe	*mandi*
come	*datang*
dance	*menari (tari)*
decrease; descend	*turun*
die	*mati, meninggal*
disappear	*hilang*
drink	*minum*
eat	*makan*
enter	*masuk*
exit	*keluar*
fall	*jatuh*
go	*pergi*
hear	*dengar*
increase	*naik, tambah*
jump	*lompat*
learn	*belajar*
leave	*berangkat (angkat)*
live	*hidup, tinggal*
play	*main*
return	*pulang*
run	*lari*
say	*kata, bilang*
sing	*menyanyi (nyanyi)*
sit	*duduk*
sleep	*tidur*
smile	*tersenyum (senyum)*
speak	*bicara, cakap, omong*

stand	*berdiri (diri)*
stop	*berhenti (henti)*
swim	*berenang (renang)*
take	*ambil*
think	*pikir, kira*
throw	*buang, lémpar*
wait	*tunggu*

sampai   *sampai ajal* till the predestined hour of death, die. *sampai bésok* see you tomorrow. *sampai hari kiamat* till Doomsday. *sampai hati* have the heart to. *sampai ketemu lagi* so long. *sampai nanti* see you later. *sampai umur* come of age. *sampai-sampai* to such an extent that. *jangan sampai* lest. *Dia sudah sampai* He has arrived already.

tiba   *tiba-tiba* suddenly. *ketibaan* arrival. *tanggal tiba* date of arrival.

mandi   *mandi keringat* sweating. *mandi laut* bathe in the sea. *mandi uap* take a steambath. *kolam mandi* swimming pool.

datang   *datang bertandang* pay a visit. *datang bulan* mestruation. *datang-datang* upon arrival. *minggu yang akan datang* next week. *orang mendatang* new comer. *selamat datang* welcome.

tari   *tari kipas* fan dance. *tari lilin* candle dance. *tari payung* umbrella dance. *tarian* a dance. *tarian rakyat* folk dance. *penari* dancer.

turun	*turun darat* go ashore. *turun makan* lunch break. *turun minum* tea break. *turun mobil* get out of a car. *turun naik* up and down. *turun pangkat* get demoted. *turun takhta* abdicate. *turun tangan* to interfere. *turun warna* lose colour. *turun-temurun* hereditary.
mati	*mati beranak* die at childbirth. *mati kelaparan* die of hunger. *mati konyol* to die in vain. *mati kutu* powerless. *mati lemas* drowned. *mati pucuk* impotent. *harga mati* fixed price. *kunci mati* deadlock. *peti mati* coffin. *simpul mati* a firm knot.
hilang	*hilang akal* lose sense. *hilang harapan* lose hope. *hilang muka* lose face. *hilang nyawa* die. *hilang pikiran/ingatan* fainted. *hilang sabar* lose patience.
minum	*minum madat* smoke opium. *minum obat* take medicine. *minum rokok* smoke. *minuman keras* alcoholic drink. *Minumnya apa?* What do you want to drink?
makan	*makan angin* get some fresh air. *makan asam garam* experienced. *makan berpantang* diet. *makan duit/emas* take a bribe. *makan gaji/upah* work for wages. *makan hati* eat one's heart out. *makan hati berulam jantung* (Prov.) suffer. *makan korban* claimed casualties. *makan kuli* work as a day labourer. *makan malam* dinner. *makan obat* take medicine. *makan ongkos* require an outlay. *makan pagi* breakfast. *makan*

riba usury. *makan risiko* involve a risk. *makan siang* lunch. *makan sogok/suap* take a bribe. *makan sumpah* take an oath. *makan tangan* beaten, lucky. *makan témpo/waktu* consume time. *makan tidur* eat and sleep. *makan tulang* working hard. *makan-makan* snack. *dimakan sumpah* perjury. *Rém ini tidak makan* The brake does not hold.

masuk
masuk angin catch a cold. *masuk bilangan* belong to. *masuk daftar hitam* blacklisted. *masuk kerja* go to office. *masuk kuliah* attend lecture. *masuk Islam/Jawi* become a Muslim. *masuk perangkap* walk into a trap. *masuk sekolah* go to school. *masuk 10 tahun* entering 10 years. *masuk serdadu/ tentara* enlist. *masuk tidur* go to sleep. *masuk ujian* go in for an examination. *béa masuk* import duty. *dilarang masuk* no entry. *izin masuk* entry permit. *karcis masuk* entry ticket. *pintu masuk* entrance.

keluar
keluar batas cross the bounds. *keluar masuk* go in and out. *keluaran* output. *jalan keluar* way out.

jatuh
jatuh bangun downfall and rise; ups and downs. *jatuh cinta* fall in love with. *jatuh kasihan* feel sorry for. *jatuh ke tangan* fall into the hands of. *jatuh melarat/miskin* become poor. *jatuh nama* ruin one's good name. *jatuh pada* fall on. *jatuh sakit* to fall sick. *jatuh témpo* expire (a date).

pergi
pergi berbelanja go shopping. *pergi dahulu*

	go first, i.e. pass away. *pergi duduk* go and sit down. *pergi haji* go on the pilgrimage. *pergi kerja/perang* go to work/war. *pergi lés* go to take lessons. *pergi mengikut* follow. *pergi ronda* go to patrol. *datang pergi* to and fro.
dengar	*dengar pendapat* hearing opinions/sessions. *dengar-dengaran* hearsay. *alat pendengar* hearing aid. *corong dengar* hearing trumpet. *salah dengar* listen wrongly.
naik	*naik apél/banding* appeal. *naik bis* go by bus. *naik cétak/mesin* go to press. *naik darat* go ashore. *naik daun/tangan* fortunate. *naik haji* make the pilgrimage to Mecca. *naik mempelai* marry. *naik pangkat* get a promotion. *naik pesawat terbang/kapal* by airplane/ship. *naik pitam* become angry. *naik saksi* become a witness. *naik suara* raise a voice. *naik turun* ups and downs. *Anda datang naik apa?* How did you come here? *matahari naik* the sun rises. *pasang naik* high tide.
tambah	*tambah kaya* richer. *bertambah* increase.
lompat	*lompat galah* pole vault. *lompat jauh* long jump. *lompat sehari* every other day. *lompat tinggi* high jump. *batu lompatan* stepping stone. *sekali lompat* in one jump.
belajar	*belajar berenang* learn swimming. *belajar kenal* learn to know (you). *belajar membaca* learn to read. *belajar mengetik* learn typing.

angkat	*angkat* lift. *angkat bahu* shrug one's shoulder. *angkat besi* weight lifting. *angkat bicara/suara* begin to speak. *angkat kaki* flee. *angkat sumpah* take an oath. *angkat tangan* raise one's hand; surrender. *angkat topi* take off one's hat. *berangkat* leave. *keberangkatan* departure.
hidup	*cara hidup* way of life. *gambar hidup* cinema. *mencari hidup* look for a living. *pandangan hidup* view of life. *riwayat hidup* biography. *siaran hidup* live broadcast. *sejarah hidup* life history. *sikap hidup* life's attitude. *taraf hidup* standard of living. *teman hidup* partner in life. *Dia masih hidup* He is still alive.
tinggal	*tinggal di mana?* where do you live? *tinggal saja* just leave it. *ketinggalan bis* miss a bus. *meninggal* pass away. *selamat tinggal* goodbye. *tempat tinggal* residence.
main	*main api* play with fire. *main bola* play the ball. *main gila* act recklessly. *main mata* flirt. *main muda* play around with women. *main sabun/onani* masturbate. *main serobat* act lawlessly.
pulang	*pulang balik/pergi* there and back/round trip. *pulang ingatan/siuman* recover consciousness. *pulang ke alam baka/rahmat Allah* die. *pulang kerja* come home from work. *pulang maklum kepada* ... it is left to (the reader) .... *pulang modal/pokok* get back the capital. *pulang pulih* restored.

	berpulang pass away. *bawa pulang* bring back.
lari	*lari anak/anjing* trot. *lari beranting* relay race. *lari cepat* run quickly. *lari gawang* hurdle race. *lari jarak pendék* sprinter. *lari lintas alam* cross-country race. *lari santai* jogging. *bawa lari* kidnap.
kata	*kata benda* noun. *kata bilangan* numeral. *kata depan* preposition. *kata dua* ultimatum. *kata ganti orang* pronoun. *kata hati* conscience. *kata istilah* technical term. *kata kerja* verb. *kata kerja bantu* auxiliary verb. *kata keterangan* adverb. *kata majemuk* compound word. *kata mufakat* agreement. *kata orang* people say. *kata panggilan* form of address. *kata pendahuluan* introduction. *kata pengantar* preface. *kata sifat* adjective. *dengan kata lain* in other words.
bilang	*bilang kali* many times. *bilangan* number. *membilang uang* count the money. *dia bilang* he said. *Siapa bilang dia bodoh?* Who said he was stupid?
nyanyi	*nyanyian* song. *nyanyian geréja* hymn. *nyanyian rakyat* folksongs. *menyanyi kecil* hum. *penyanyi* singer.
duduk	*duduk bersila* sit cross-legged. *duduk perkara* the real fact. *kependudukan* population. *penduduk* inhabitant. *kursi duduk* chair. *silakan duduk* please sit down. *tempat duduk* seat.

tidur	*tidur ayam* sleep lightly. *tidur léna/lelap/nyenyak* sleep soundly. *tidur-tiduran* rest in bed. *selamat tidur* good-night. *tempat tidur* place to sleep.
senyum	*senyum kambing* mocking smile. *senyum manis* sweet smile. *senyum simpul* smile cheerfully. *senyum sumbang* cynical smile. *senyum tipis* a slight smile. *murah senyum* smile readily.
bicara	*angkat bicara* begin to speak. *Apa bicara Anda tentang hal ini?* What is your opinion about this matter? *banyak bicara* talk a lot. *jam bicara* consultation hours. *kamar bicara* consultation room. *pembicara* speaker.
cakap	*cakap angin/kosong* empty talk. *cakap besar* talk big. *cakap Belanda* speak Dutch.
omong	*omong kasar* rude language. *omong kosong* nonsense. *omong punya omong* by the way.
diri	*diri* self. *berdiri di belakang* to stand behind. *berdiri sendiri* independent. *berdiri tegak* stand erect; (mil.) stand at attention. *berdiri urut* stand in line. *berdikari = berdiri di atas kaki sendiri* stand on one's own feet.
henti	*tanpa henti* without stop. *tak henti-hentinya* incessantly. *jangan berhenti* don't stop. *perhentian bis* bus stop.
renang	*renang dada* breast stroke. *renang kupu-*

kupu butterfly stroke. *renang punggung* back stroke. *belajar berenang* learn to swim. *kolam renang* swimming pool. *perlombaan renang* swimming competition.

ambil *ambil alih* take over. *ambil angin* get a breath of fresh air. *ambil bagian* participate. *ambil berat* take seriously. *ambil contoh* take as a model. *ambil foto* take a photograph. *ambil gampang* take lightly.

pikir *pikir* think. *Saya pikir/kira dia salah* I think he was wrong.

buang *buang air* diarrhoea. *buang air besar/kecil* defecate/urinate. *buang angin* break wind. *buang sampah* throw rubbish. *buang waktu* waste time.

tunggu *Tunggu dulu dong!* Hey, wait a minute! *tunggu saja* just wait. *tunggu sampai* wait until. *tunggu teman* waiting for a friend.

5. PARTS OF THE BODY

arm	*lengan*
back	*punggung, belakang*
beard	*janggut*
body	*badan, tubuh*
bone	*tulang*
buttock	*pantat, dubur*
calf	*betis*
cheek	*pipi*
chest	*dada*
ear	*telinga, kuping*
eyes	*mata*
face	*muka, wajah*
fingers	*jari*
foot, leg	*kaki*
genitals	*kemaluan, zakar* (for male), *faraj* (for female)
hair	*rambut, bulu*
hand	*tangan*
head	*kepala*
heart	*hati, jantung*
heel	*tumit*
lips	*bibir*
liver	*hati*
lungs	*paru-paru*
mouth	*mulut*
nail	*kuku*
neck	*léhér*
nose	*hidung*

shoulder	*bahu, pundak*
stomach	*perut*
teeth	*gigi*
thigh	*paha*
tongue	*lidah*
waist	*pinggang*

lengan — *lengan baju* shirt sleeves. *lengan bawah* forearm. *lengan kursi* arm of a chair. *lengan neraca* arm of scales. *pangkal lengan* upper arm. *ketiak* armpit. *siku* elbow (of the arm).

punggung — *punggung gunung* mountain ridge. *buah punggung (= ginjal)* kidney.

belakang — *belakang hari* later. *belakangan ini* lately. *dari belakang* from the back. *di belakang layar* behind the screen. *ke belakang* to the back; to the toilet. *lampu belakang* rear light. *latar belakang* background. *pintu belakang* back door. *tahun belakang* the following year.

janggut — *janggutnya panjang* his beard is long.

badan — *badan hukum* legal body. *badan keséhatan* health organization/body. *badan mobil* body of the car. *badan pekerja* working committee. *badan pelaksana* executive body. *badan penasihat* advisory committee. *badan pengurus* administrative body. *badan perahu* ship's hull. *badan perwakilan* representative body. *badan pusat* central committee. *badan siasat* investigation bureau. *badan usaha* business association. *berbadan dua* pregnant. *anggota badan* limb.

tubuh   *tubuh kasar* rugged body. *tubuh kendaraan* body of a vehicle. *tubuh pesawat terbang* body of an airplane. *bersetubuh* copulation. *batang tubuh* trunk of the body. *tuan tubuh* you yourself.

tulang   *tulang belakang/punggung* backbone. *tulang daun* veins of a leaf. *tulang kering* shinbone. *tulang muda/rawan/halus/ketul* cartilage. *tulang rusuk* rib. *tulang sendi* joint. *tulang sumsum/hitam* bone with marrow. *tulang tunjang* leg bones. *banting tulang* work hard. *keras tulang* strong-boned. *ringan tulang* lighted-boned, diligent. *tinggal tulang pembalut kulit* only bone and skin is left, i.e. all skin and bone.

pantat   *pantat kuning* yellow buttock, i.e. very stingy.

dubur   *dubur* anus.

betis   *perut/buah/jantung betis* calf of a leg.

pipi   *lesung pipi* dimple on the cheek. *tulang pipi* cheekbone.

dada   *dada bidang* broad-chested. *dada lapang* patient. *dada lega* relieved. *buah dada* (or *payu dara*) breast.

telinga *telinga tebal* thick ears, i.e. obstinate. *telinga tipis* thin ears, i.e. easily offended. *lubang telinga* earlobe. *masuk telinga kiri, keluar telinga kanan* (Prov.) in one ear (left) and out at the other (right). *pasang telinga* to listen carefully.

kuping *kuping tikus* a kind of mushroom. *pasang kuping* all ears. *uang kuping* tip.

mata *mata acara* programme. *mata air* spring. *mata alamat* objective. *mata angin/pedoman* direction of the wind. *mata anggaran belanja* item in a budget. *mata benda* valuables. *mata betung* uneducated. *mata bisul* core of a boil. *mata buatan* artificial eyes. *mata bugil* naked eye. *mata buku* knuckle. *mata cincin* stone in a ring. *mata dacing* gauge (on scales). *mata dagangan* article of commerce. *mata dekat* near-sighted. *mata duitan* craving for money. *mata gelap* in a rage. *mata gunting* sharp edge of scissors. *mata hati* the mind's eye. *mata huruf* type of letter. *mata jala* mesh of a net. *mata jarum* point of needle. *mata jauh* far-sighted. *mata kail* fishhook. *mata kaki* ankle. *mata kayu* knot in wood. *mata kepala* one's own eyes. *mata keranjang* fond of watching women. *mata kucing* a kind of precious stone. *mata kuliah* subject in university. *mata pelajaran* subject in school. *mata pencarian/penghidupan* means of livelihood. *mata piano* key of a piano. *mata pisau* knife blade. *mata rantai* link (of a chain). *mata sangkur* bayonet. *mata sapi* fried egg sunny-side up. *mata sipit* slant-eyes. *mata susu* nipples. *mata telinga* spy. *mata uang* currency. *mata-mata* spy. *alis/kening (mata)* eyebrow. *anak mata* pupil. *bulu mata* eyelash. *ekor mata* corner of the eyes. *main mata* make eyes at some one. *pasang mata* all eyes. *pelupuk/kelopak mata* eyelid.

muka *muka air* surface. *muka bumi* earth's surface. *muka dua* two-faced. *muka kayu* wooden-faced, unashamed. *muka baru* new face. *muka manis* sweet-faced. *muka masam* sour-faced. *muka tebal* thick-faced. *muka-muka* insincere, hypocritical. *pemuka* leader. *terkemuka* formost. *air muka* face. *ambil muka* flatter. *beri muka* give face. *buang muka* turn one's face away. *di muka* in front. *hilang muka* lose face. *ke muka* to the front. *kulit muka* front page.

wajah *wajah baru* new face. *wajah berseri* beaming face.

jari *jari hantu* middle finger. *jari kaki* toe. *jari kelingking* little finger. *jari manis* ring finger. *jari renik* little finger. *jari telunjuk* index finger. *jari tengah/malang/mati/panjang* middle finger. *jari-jemari* fingers. *ibu jari* thumb. *jejak jari/sidik* finger print.

kaki *kaki angkasa/langit* horizon. *kaki ayam* chicken leg; bare-footed. *kaki buatan* artificial leg. *kaki celana* trousers leg. *kaki gunung* foot of a mountain. *kaki lima* side-

	walk. *kaki rumah* house foundation. *kaki seribu* take flight. *kaki tangan* accomplice. *cepat kaki ringan tangan* ready to help. *mata kaki* ankle. *tapak/telapak kaki* sole.
zakar	*buah zakar/pelir* testicle. *lemah zakar* impotent.
rambut	*rambut buatan/palsu* wig. *rambut ikal/keriting* curly hair. *rambut gondrong* long hair. *anak rambut* lock of hair. *si rambut pérang* the blonde. *tata rambut* coiffure.
bulu	*bulu ayam* chicken feather. *bulu domba* wool. *bulu kening* eyebrows. *bulu mata* eyelashes. *bulu roma* body hair. *bulu tangkis* badminton.
tangan	*tangan baju* sleeves. *tangan besi* iron (= heavy) hand. *tangan kanan* right-hand man. *tangan kemudi* helm, rudder. *tangan kosong* empty-handed. *tangan naik* successful (in gambling). *tangan terbuka* open-handed, generous. *tangan turun* unsuccessful (in gambling). *jabat tangan* shake hands. *kepalan tangan* fist. *pergelangan tangan* wrist. *telapak tangan* palm.
kepala	*kepala angin* empty-headed. *kepala bagian* division head. *kepala batu* headstrong. *kepala berat* slow (in understanding). *kepala besar* big/swollen-headed. *kepala daérah* district head. *kepala désa* village headman. *kepala dinas* department head. *kepala dingin* cool-headed. *kepala*

kampung village headman. *kepala keluarga* head of household. *kepala negara* head of state. *kepala pasukan* troop commander. *kepala pusing* dizzy. *kepala regu* team leader. *kepala sekolah* principal, headmaster. *kepala setasiun* station master. *kepala berita* news headline. *kepala karangan* heading, headline. *kepala keréta api* locomotive. *kepala staf* chief of staff. *kepala santan* coconut cream. *kepala surat* letter heading. *kepala susu* cream. *kepala udang* very stupid.

hati

hati ayam chicken liver. *hati kecil/nurani* conscience. *hati-hati* carefully. *perhatian* attention. *ambil hati* to please. *baik hati* kind-hearted. *beri hati* encourage. *besar hati* proud, happy. *buah hati* sweetheart. *bulat hati* resolute. *dalam hati* in one's heart. *dapat hati* take courage. *dengan sepenuh hati* whole-heartedly. *dengan setengah hati* half-heartedly. *gerak hati* emotion. *hulu hati* pit of the stomach. *iri hati* jealous. *jatuh hati* fall in love. *lembut hati* soft-hearted. *makan hati (berulam jantung)* sadden. *panas hati* angry. *rendah hati* humble. *sakit hati* offended. *senang hati* happy.

tumit

tumit sepatu shoe heel. *bertumit tinggi* with high heels.

bibir

bibir atas upper lips. *bibir bawah* lower lips. *bibir mata* edge of eyelid, nearby. *buah bibir* gossip topics. *berat/tebal bibir*

	silent. *panjang bibir* slanderous (long lips). *tipis bibir* talkative (thin lips).
paru-paru	*penyakit paru-paru* tuberculosis. *radang paru-paru* pneumonia.
mulut	*mulut bedil* mouth of a cannon. *mulut besar* big mouth. *mulut botol* mouth of bottle. *mulut busuk* bad breath. *mulut kulit* pore (of skin). *mulut kunci* keyhole. *mulut manis* sweet mouth. *mulut pintu* doorway. *mulut sungai* estuary. *banyak mulut* talkative. *buah mulut* subject of gossip. *gatal/bocor mulut* garrulous. *gula dalam mulut* sugar in the mouth, an easy job. *kaku mulut* lockjaw. *tutup mulut kamu* shut your mouth.
kuku	*kuku cengkam* ingrown nail. *kuku kaki* toenail. *kuku sauh* fluke of an anchor. *kuku tangan* fingernail. *macam/seperti kuku dengan daging* (Prov.) like nail and flesh, i.e. inseparable.
léhér	*léhér baju* collar. *léhér botol* neck of bottle. *batang léhér* neck.
hidung	*hidung belang* womanizer, philanderer. *hidung cérék* spout of a kettle. *di muka hidung* under one's very nose.
bahu	*bahu jalan* shoulder or edge of a road. *bahu-membahu* mutual help. *angkat bahu* shrug one's shoulder, indifferent.
perut	*perut besar* big stomach; pregnant. *perut*

	betis calf (of the leg). *perut bumi* bowels of the earth. *perut buta* appendix. *perut gendut* pot-bellied. *perut kapal* hold of a ship. *perut muda panjang* intestine. *isi perut* intestines. *tali perut* bowels.
gigi	*gigi air* horizon. *gigi asu* eyetooth. *gigi benar* permanent tooth. *gigi buatan/tiruan/geligi* false teeth, dentures. *gigi bungsu* wisdom teeth. *gigi gergaji* zigzag. *gigi hutan* fringe (of the forest). *gigi manis/pengiris* incisor. *gigi sejati* permanent teeth. *gigi seri* incisor. *gigi sulung* baby teeth. *gigi susu* milk teeth. *gigi taring* canine teeth; fang. *gigi tikus* small, evenly spaced teeth. *tukang gigi* dentist. *tunjukkan gigi* show one's teeth.
paha	*paha belakang* back thigh. *bergendang paha* slap one's thigh, i.e. gloat over other's misfortune. *lipat paha* groin. *pangkal paha* (= *pinggul*) hip.
lidah	*lidah air* crest of floodwater. *lidah api* tongue of flame. *lidah bercabang/biawak* doubled-tongued, deceitful. *lidah ombak* roller, wave. *lidah pundak* shoulder trap. *anak lidah* uvula. *cepat lidah* too free with the tongue. *panjang lidah* a loose tongue, indiscreet. *ujung lidah* tip of tongue.
pinggang	*pinggang biola* violin (i.e. slender) waist. *bercekak pinggang* with arms akimbo. *buah pinggang* (= *ginjal*) kidney. *ikat pinggang* girdle (round waist). *sakit pinggang* back pains. *ukuran pinggang* waist line.

6. CLOTHING

blanket	*selimut*
blouse	*blus, kebaya*
button	*kancing*
cloth	*kain*
clothes	*pakaian, busana*
coat	*jas*
curtain	*tirai, gordén*
dress	*baju*
gown	*gaun*
headband	*ikat kepala, déstar*
jacket	*jakét*
lace	*rénda*
mat	*tikar*
mattress	*kasur, tilam*
pillow	*bantal*
pocket	*kantung, saku*
sarong	*sarung*
scarf	*seléndang*
shirt	*keméja, hém*
silk	*sutera*
skirt	*rok*
socks	*kaus*
suit of clothes	*setélan*
thread	*benang*
tie	*dasi*
trousers	*celana*
veil	*tudung muka, cadar*

selimut *selimut tebal* thick blanket.

kebaya *sarung/kain kebaya* traditional dress of women.

kancing *kancing baju* shirt button. *kancing jeprét/tekan* push button. *kancing tarik/rits* zipper. *mulut kancing* button hole.

kain *kain baju* clothes. *kain basah kering di pinggang* (Prov.) clothes dry on the body, i.e. very poor. *kain basahan* cloth worn when bathing. *kain batik* batik clothes. *kain belacu* rough cloth/ cotton. *kain cap* printed cloth. *kain déwangga* coloured fabric. *kain jadi basah* past glory. *kain jendéla* window curtain. *kain kasa* muslin. *kain kasur* mattress cover. *kain kembang* printed cloth. *kain lap* a rag. *kain linen* linen materials. *kain lurik* striped materials. *kain méja* table-cloth. *kain pakaian* dress materials. *kain panas* flannel. *kain panjang* sarong. *kain pél* mop. *kain pelékat* cotton sarong. *kain polos* plain cloth. *kain rentang* banner. *kain songkét* cloth embroidered with gold or silver thread. *kain sutera* silk. *kain tenun* woven cloth. *kain wol* cotton wool.

pakaian *pakaian adat* traditional dress. *pakaian bébas* casual dress. *pakaian dalam* underwear. *pakaian dinas* uniform. *pakaian jadi* ready-made dress. *pakaian kebangsaan* national costume. *pakaian lengkap* full dress. *pakaian main kanak-kanak* rompers.

pakaian mandi/renang swim suit. *pakaian resmi* official dress. *pakaian seragam/dinas* uniform. *pakaian sipil/préman* civilian clothes.

busana *busana dunia* world of fashion. *busana malam* evening dress. *perusahaan busana* fashion industry.

jas *jas buka* open jacket. *jas dingin* overcoat. *jas hujan* raincoat. *jas tutup* jacket with stiff high collar.

tirai *tirai belakang* background. *tirai kelambu* mosquito net. *tirai-mirai* all kinds of curtains.

gordén *gordén gulung* windowshade, blinds.

baju *baju antakusuma/layang* flying suit. *baju belah dada* jacket with opening in the middle. *baju besi* armour. *baju biru* prisoner. *baju béskét* waistcoat, vest. *baju blus* blouse. *baju buntung* short-sleeved woman's jacket. *baju cina* pyjamas. *baju dalam* undershirt. *baju dingin* winter clothes. *baju hangat* warm clothing. *baju hijau* soldier. *baju hujan* raincoat. *baju jas* coat. *baju kaus* T-shirt. *baju keméja* shirt. *baju kepok* coat with high collar. *baju kodek/basterop* a dress without collar and sleeves. *baju kodian/konveksi* ready-made clothes. *baju kurung* woman's long tunic. *baju kutang* brassier. *baju lasak* everyday dress or work clothes. *baju mandi* swimsuit. *baju Melayu* traditional Malay costume. *baju* *panas* sweater. *baju pelampung* life jacket. *baju safari* short-sleeved safari shirt. *baju terusan* gown, dress. *baju tidur* nightgown.

gaun *gaun pengantin* bridal gown. *gaun rumah* housecoat. *gaun tidur* nightgown.

ikat *ikat cincin* band of a ring, ring hand. *ikat duduk/kursi/pinggang keselamatan* seat belt. *ikat léhér* scarf. *ikat pinggang* belt. *ikat satu* tie together.

jakét *jakét buku* book jacket/cover. *jakét kulit* leather jacket.

rénda *rénda putih* white lace. *merénda baju* crochet a dress.

tikar *tikar bantal* bedding. *tikar sembahyang/syahadat* praying mat. *tikar tidur* sleeping mat. *ganti tikar* marriage with one's deceased wife's sister. *gulung tikar* roll up a mat, i.e. going out of business.

kasur *jatuh di kasur* lucky. *tidur di kasur* marry a rich woman.

tilam *bertilam pasir* sleep on sand, homeless. *kain tilam* cloth for mattress.

bantal *bantal angin/udara* air cushion. *bantal golék/guling/peluk* bolster. *bantal kembung* round pillow. *bantal setémpel* stamp pad.

kantung *kantung belakang* back pocket. *kantung*

buah zakar/kemaluan scrotum. *kantung empedu* gall bladder. *kantung kemih/kencing* bladder. *kantung kempis/tipis* penniless. *kantung mani* condom. *kantung nasi* stomach. *kantung sampah* rubbish bag. *kantung tebal* rich.

saku *saku kerja* workbag, briefcase. *anak saku* small pocket. *buku saku* pocket book. *kamus saku* pocket dictionary. *uang saku* pocket money.

sarung *sarung bantal* pillowcase. *sarung jari* thimble. *sarung kaki* sock, stocking. *sarung karét* condom. *sarung pelékat* sarong with block patterns. *sarung pistol* holster. *sarung tangan* glove. *sarung tinju* boxing gloves.

seléndang *seléndang panjang* long scarf.

keméja *keméja buka* sport shirt. *keméja buntung* short-sleeved shirt. *keméja dalam* shirt. *keméja dalam wanita* chemise. *keméja kaos/oblong* T-shirt. *keméja tutup* dress shirt.

sutera *sutera déwangga* kind of very fine silk. *sutera tiruan* artificial silk.

rok *rok mini* miniskirt. *rok dalam* slip, petticoat. *rok jadi* ready-made skirt. *rok jéngki/ketat/span* tight skirt.

setélan *setélan* suit of clothes. *setélan jas berbuntut* a dress coat.

dasi *dasi jepitan* clip-on tie. *dasi jerat* garotte. *dasi kupu-kupu* bow tie.

benang *benang bol* wrapping strings. *benang emas* golden thread. *benang raja* rainbow. *benang sari/serbuk* stamen. *mendirikan benang basah* (Prov.) erect a wet thread, i.e. do the impossible.

celana *celana dalam* underpants. *celana jéngki* blue jean. *celana katok* short pants. *celana mandi* swimming trunks. *celana monyét* children's suit. *celana péndék* shorts. *celana panjang* trousers. *celana panjang untuk wanita* slacks.

tudung *tudung hidang/saji/tépak* dish cover. *tudung kepala* headgear. *tudung lampu* lampshade. *tudung lingkup* (= *cadar*) purdah. *tudung muka* veil.

7. ACCESSORIES

bag	*tas*
base	*alas*
bed	*tempat tidur, ranjang*
bracelet	*gelang*
brassiere	*kutang, béha*
cap	*kopiah, pici, songkok*
chain	*rantai*
chair	*kursi*
chest	*peti*
cigarette	*rokok*
comb	*sisir, sikat*
diamond	*intan*
fan	*kipas*
glasses	*kaca mata*
hat	*topi*
key	*kunci*
lamp	*lampu*
mirror	*cermin*
necklace	*kalung*
pin	*jarum, peniti*
purse	*dompét*
ribbon	*pita*
ring	*cincin*
sandal	*sandal, cerpu*
scissors	*gunting*
shoes	*sepatu*
sock, stocking	*kaus*
stick	*tongkat*

string	*tali*
suitcase	*kopor*
table	*méja*
towel	*handuk*

tas *tas belanja* shopping bag. *tas jinjing/tangan* handbag. *tas kantor* briefcase. *tas kulit* leather bag. *tas pesiar* travelling bag. *tas sekolah* school bag.

alas *alas baju* jacket lining. *alas bunga* flower receptacle. *alas cawan/cangkir* saucer. *alas kaki* footwear. *alas kasur* mattress covering. *alas kata* introduction *alas kubur* scapegoat. *alas léhér* collar *alas méja* table-cloth. *alas perut* light snack *alas rumah* house foundation.

tempat *tempat hiburan* amusement park. *tempat kediaman* place of residence. *tempat kelahiran* place of birth. *tempat tidur* bed. *tempat tidur dorong* stretcher. *tempat tidur susun* bunk bed. *tempat tinggal* residence. *tempat tumpah darah* fatherland.

ranjang *ranjang bayi* baby's cot. *ranjang lipat* folding bed. *ranjang pengantin* nuptial bed. *adégan ranjang* bed scenes (in film).

gelang *gelang jam* watchband. *gelang kaki* anklet. *gelang karét* rubber band. *gelang keroncong* a series of brackets or bangles. *gelang kunci* key ring. *gelang rantai* link (in a

	chain). *gelang silinder* piston ring. *gelang tangan* armlet. *pergelangan* wrist.
kutang	*baju/kaus kutang* short undergarment for women.
béha	*béha* or *BH* bra.
kopiah	*kopiah setambul (= terbus)* fez.
pici	*pici lapangan* field cap.
rantai	*rantai besi* iron chain. *rantai kankang* shackles. *rantai pangan* food chain. *rantai mas* gold chain. *rantai sepéda* bicycle chain. *baju rantai* coat of chain mail. *orang rantai* chained convict. *surat rantai* chain letters.
kursi	*kursi berbaring* reclining chair. *kursi dorong* wheelchair. *kursi duduk* chair. *kursi empuk* comfortable chair/position. *kursi goyang* rocking chair. *kursi kantor* desk chair. *kursi lipat* folding chair. *kursi listrik* electric chair. *kursi loncat* ejection chair. *kursi makan* dining chair. *kursi malam* lounge chair. *kursi malas* easy chair. *kursi panjang* large sofa. *kursi pengadilan* judgement seat.
peti	*peti balut* ambulance box. *peti besi* iron safe. *peti és* refrigerator. *peti jenazah/mayat* coffin. *peti kemas* container. *peti laci* chest of drawers. *peti menyanyi* gramophone. *peti uang* money box.

rokok *rokok krétek* clove-flavoured cigarette. *rokok linting* rolled cigarette. *minum rokok* smoking. *uang rokok* cigarette money, i.e. tip.

sisir *sisir rambut* comb hair. *sesisir pisang* a bunch of bananas.

sikat *sikat arang* carbon brush. *sikat gigi* toothbrush.

intan *intan berlian/permata* jewellery. *intan mentah* rough diamond.

kipas *kipas air* windshield wiper. *kipas angin* fan.

kaca *kaca baur* frosted glass. *kaca benggala* big mirror. *kaca depan* front mirror. *kaca mata* spectacles. *kaca mata debu* goggles. *kaca mata hitam* sunglasses. *kaca mati* framed glass. *kaca mobil* windshield. *kaca muka/hias* mirror. *kaca pembesar* magnifying glass. *kaca spion* rear-view mirror. *rumah kaca* glass house.

topi *topi baja* steel helmet. *topi gabus* pith helmet. *topi keselamatan* safety helmet. *topi pandan/tikar* straw hat. *topi pengaman* crash helmet.

kunci *kunci dobél/tiruan* duplicate key. *kunci gantung/gembok/kura-kura* padlock. *kunci induk/ganda* master key. *kunci kontak* ignition key. *kunci lutut* kneecap. *kunci* *maling* skeleton key. *kunci mati* closely-guarded secret. *kunci paha* groin. *kunci pengaman* safety lock. *kunci ring* box wrench. *kunci sok* socket wrench. *kunci wasiat* secret. *anak kunci* key. *ibu kunci* lock. *kedudukan kunci* key position. *kota kunci* key town. *tokoh kunci* a key figure. *uang kunci* key money.

lampu *lampu belakang* rear light. *lampu besar* headlight. *lampu baterai/sénter* flashlight. *lampu duduk* table lamp. *lampu gantung* hanging lamp. *lampu hijau* green light. *lampu jalanan* street light. *lampu kaki* foot light. *lampu kilat* flashbulb. *lampu kuning* yellow light. *lampu lalu-lintas* traffic lights. *lampu listrik* electric light. *lampu pijar* light bulb. *lampu mérah* red light. *lampu sorot* searchlight. *bola lampu* light bulb. *matikan lampu* switch off the light. *pasang lampu* switch on the light.

cermin *cermin gaib/wasiat* magic mirror. *cermin hidup* mirror of life. *cermin mata* spectacles. *cermin muka* looking glass.

kalung *kalung bunga* flower wreath. *kalung rantai* neck chain.

jarum *jarum arloji* hand of watch. *jarum biku* pin, straight pin. *jarum cocok* awl. *jarum goni/karung* coarse needle. *jarum halus* sly trick. *jarum jahit* sewing needle. *jarum jam* hand of clock. *jarum panjang* minute hand. *jarum pedoman* compass needle. *jarum péndék* hour hand. *jarum pentul* straight pin. *jarum penyemat* safety pin. *jarum rajut* knitting needle. *jarum suntik* injection needle. *jarum tisik* darning needle. *liang/lobang jarum* needle hole.

peniti *peniti aman/cantél* safety pin.

dompét *dompét amal* relief funds. *dompét kempis/tipis* short of money, broke.

pita *pita kasét* cassette tape. *pita kosong* empty tape. *pita mesin tulis* typewriter ribbon. *pita cukai* 'tax-band'. *pita suara/rakaman* recording tape. *pita ukur* measuring tape. *pita vidéo* video tape.

cincin *cincin berapit* ring with two stones. *cincin cap/stémpel* signet ring. *cincin kawin* wedding ring. *cincin rantai* ring chain. *bagai cincin dengan permata* (Prov.) perfect match. *tukar cincin* exchange ring.

sandal *sandal jepit/Jepang* sandals with a thong.

gunting *gunting karcis* ticket puncher. *gunting kebun* pruning shears. *gunting kuku* nail clippers. *gunting rambut* haircut. *tukang gunting* barber.

sepatu *sepatu air* water ski. *sepatu bola* soccer shoes. *sepatu és* skis. *sepatu karét* canvas shoes. *sepatu kayu* wooden shoes. *sepatu kuda* horseshoes. *sepatu rém* brake lining. *sepatu roda* roller skates. *sepatu tinggi* high-heeled shoes. *semir sepatu* shoe polish. *sikat sepatu* shoe brush.

kaus *kaus dalam* undershirt. *kaus oblong/singlét* T-shirt. *kaus tangan* hand gloves.

tongkat *tongkat jalan* walking stick. *tongkat ketiak* crutches. *tongkat komando* command stick. *tongkat penongkat* crutches. *tongkat peramal* divining rod. *tongkat polisi* police stick.

tali *tali air* small stream. *tali ari-ari/pusat/pusar* umbilical cord. *tali api* fuse. *tali bahu jabatan* (mil.) shoulder rank indicator. *tali barut* bandage. *tali bawat* brace. *tali bicara* telephone line. *tali busur* bowstring. *tali jiwa/nyawa* source of life, heart. *tali kail/pancing* fishing line. *tali kekang/kang* reins. *tali keselamatan* safety belt. *tali léhér* necktie. *tali pangkal* mast rope. *tali paranti* customs and traditions. *tali persaudaraan/silaturahim* ties of friendship. *tali perut* intestines. *tali pinggang* sash. *tali sabut* fibre rope. *tali sepatu* shoelace. *tali sipat* carpenter's plumb. *tali-temali* all sorts of ropes. *tali tudung* chin strap. *tali tunda* tow rope. *setali* 25 cents, a quarter of a rupiah.

kopor *Kopor ini agak berat* This suitcase is rather heavy.

méja *méja bola* billiard table. *méja bundar* round table. *méja dengan laci* chest of drawers.

méja hijau green table, i.e. court. *méja kedai* shop counter. *méja kursi* furniture. *méja perundingan* conference table. *méja tulis* writing table.

handuk *handuk mandi* bath towel. *handuk muka* face towel. *Gunakan handuk di dalam kamar saja* Use the towel in the room only.

8. APPLIANCES AND UTENSILS

appliances	*alat*
bottle	*botol*
bowl	*mangkuk*
box	*kotak*
container	*tempat, wadah*
cup	*cangkir; piala*
dish	*pinggan*
fork	*garpu*
glass	*gelas*
kettle	*kétél, cérék*
knife	*pisau*
lid	*tutup*
opener	*pembuka (buka)*
oven	*tanur*
pan	*panci, kuali*
plate	*piring*
pot	*belanga, periuk, kendi, téko*
scales	*timbangan (timbang), neraca*
sieve	*saringan*
sink	*bak*
spoon	*séndok*
spout	*corot, cerat*
stove	*kompor*
thing	*barang, benda, hal*
tin	*kaléng*
tray	*talam, dulang, baki*

alat *alat angkut* transportation. *alat bukti* evidence. *alat bunyian* musical instrument. *alat dapur* kitchenware. *alat gali* digger. *alat kecantikan* cosmetics. *alat kelamin* sex organ. *alat kerajaan* regalia. *alat komunikasi* communication tools. *alat listrik* electric appliances. *alat negara* police. *alat pemadam api* fire extinguisher. *alat pemanas* heating device. *alat pemanggang* grill. *alat pembayaran* means of payment. *alat pencabut botol* corkscrew. *alat pencium/penghidu* smelling organ, nose. *alat pendengar* hearing aid, ears. *alat penerangan* information tools. *alat penggiling* grinder. *alat penyedot debu* vacuum cleaner. *alat penyejuk udara* air-conditioner. *alat peraga* visual aids. *alat perangkap tikus* mousetrap. *alat perkakas* instruments. *alat perlengkapan* equipment. *alat potrét* camera. *alat rias/solék* make-up equipment. *alat rumah (tangga)* household furnishings. *alat tulis* stationery. *alat ucap* speech organ. *alat-alat makan* cutlery.

botol *botol dot/susu* baby bottle. *botol termos* thermos bottle. *sumbat mulut botol* cork of a bottle.

mangkuk *mangkuk sabun* soap bowl.

kotak *kotak ajaib* magic box. *kotak kecantikan* beauty case. *kotak korék api* matchbox. *kotak makan siang* lunch box. *kotak perkakas* accessory kit. *kotak pos* mailbox. *kotak suara* ballot box. *kotak uang* coin box. *rumah kotak* apartment.

tempat — *tempat abu* ashtray. *tempat cuci muka* wash basin. *tempat cucian* washtub. *tempat cuka* vinegar cruet. *tempat gula* sugar bowl. *tempat kopi* coffee pot. *tempat lada* pepper container. *tempat obat* medicine box. *tempat saus* gravy boat. *tempat susu* creamer. *tempat tinta* inkwell.

wadah — *wadah gula* sugar bowl.

cangkir — *cangkir piring* porcelain ware. *cangkir tinta* inkwell. *secangkir kopi* a cup of coffee.

piala — *piala berganti/bergilir/bertukar* challenge cup. *Piala Dunia* World Cup. *piala ginjal* (anat.) pelvic region. *piala kejuaran* champion cup.

pinggan — *pinggan cépér* shallow dish. *pinggan mangkuk* dinner set (of china).

garpu — *garpu sepéda* bicycle's fork. *garpu tala* tuning fork. *garpu tanah* harrow.

gelas — *gelas penduga* gauge-glass. *gelas timpus* tapering glass. *segelas air* a glass of water.

kétél — *kétél angin* air chamber. *kétél kukus* boiler. *kétél uap* boiler.

pisau — *pisau belati* dagger. *pisau cukur* razor. *pisau dapur* kitchen knife. *pisau kertas* letter opener. *pisau lipat* pocket knife. *pisau makan* dining knife. *pisau raut* carving knife. *pisau silét* razor blade.

tutup *tutup botol* bottle lid. *tutup cangkir* cup cover. *tutup jendéla* curtain. *tutup kaléng* can lid. *tutup kepala* headgear. *tutup léhér* scarf. *tutup méja* table-cloth. *tutup panci* pan lid.

buka *pembuka jalan* pioneer. *pembuka kaléng* can opener. *pembuka kata* preface. *pembuka seléra* appetizer.

tanur *tanur kapur* limekiln. *tanur tinggi* blast furnace.

panci *panci datar* saucepan. *panci email* enamelware.

kuali *kuali* frying pan.

piring *piring cangkir/mangkuk* crockery. *piring cépér* dinner plate. *piring dalam* soup plate. *piring kélong* deep plate. *piring sepéda* bicycle wheel. *piring terbang* flying saucer. *piringan hitam* gramophone record. *lap piring* dish towel.

belanga *belanga* earthen cooking pot.

periuk *periuk api* bomb. *periuk api laut* seamine. *periuk belanga* earthenware. *periuk nasi* rice bowl.

timbang *timbang kata* exchange words. *timbang*

pandang exchange glances. *timbang rasa* sympathy. *timbang tanda* exchange engagement rings. *timbang terima* transfer of office/power. *timbang tunai* cash on delivery. *timbangan buku* book review. *timbangan daging* meat scales. *mata timbangan* weight. *dalam pertimbangan* under consideration. *menurut pertimbangan* at the discretion of.

neraca *neraca kekuatan* balance of power. *neraca lajur* balance sheet. *neraca niaga/ perdagangan* trade balance. *neraca pembayaran* balance of payments. *neraca percobaan* trial balance.

saringan *saringan air* water filter. *saringan minyak* oil filter.

bak *bak air* water sink. *bak cuci* sink for washing. *bak makanan* feeding trough. *bak mandi* 'bathing' tank/sink. *bak pasir* sandbox. *bak sampah* rubbish bin. *bak siram* flushing tank of toilet.

séndok *séndok besar/makan* serving spoon. *séndok makan* tablespoon. *séndok mentéga* butter knife. *séndok sepatu* shoe horn. *séndok téh* teaspoon.

corot *corot pelita* the rays of a lamp. *corot selang* nozzle of hose.

cerat *cerat keran léding* water tap.

kompor   *kompor gas* gas stove. *kompor listrik* electric stove.

barang   *barang bahan (baku)* raw materials. *barang bawaan/cangkingan* hand luggage. *barang bekas* secondhand goods. *barang bergerak* moveable articles. *barang bukti* evidence. *barang cétakan* printed matters. *barang dagangan* merchandise. *barang ékspor* export products. *barang gadai* pawned goods. *barang galian* mineral. *barang gasakan* stolen goods. *barang gelap* illegal goods. *barang jadi* finished products. *barang jaminan* security. *barang keperluan dapur* kitchen utensils. *barang keperluan sehari-hari* daily needs. *barang kiriman* parcels. *barang konsumsi* articles of consumption. *barang loakan* junk. *barang luks* luxury goods. *barang makanan* foodstuffs. *barang meledak* explosives. *barang modal* capital goods. *barang niaga* commodities. *barang purbakala* antiquities. *barang pusaka* heirloom. *barang seni* art work/object. *barang temuan* lost articles. *barang tetap/tak bergerak* immoveable goods. *barang tiruan* counterfeit articles. *barang selundupan* smuggled goods.

benda   *benda cair* liquid. *benda hidup/mati* living/dead thing. *benda letupan* explosive materials. *harta benda* property. *mata benda* valuables.

hal   *hal ihwal* events, circumstances. *hal penting* important things/matters. *Bagaimana* *halnya dengan dia?* How are things with him? *dalam hal ini* in this instance/matter. *mengenai hal itu* concerning that matter/thing.

kaléng *kaléng penyiram* watering can. *kaléng sampah* dustpan. *atap kaléng* tin roof. *surat kaléng* anonymous letter. *bir kaléngan* canned beer. *daging kaléngan* canned meat. *makanan kaléngan* canned food.

talam *talam dua muka* two-faced. *talam kué* cake tray.

dulang *dulang* food tray. *dulang alas* coaster.

baki *baki* small tray.

9. PREPOSITIONS

about	*tentang, terhadap, mengenai*
above	*atas*
according	*menurut (turut)*
around	*sekitar, sekeliling*
as	*seperti, selaku*
at	*pada, di*
back	*(di) belakang*
beside	*sebelah*
between	*antara*
by	*dengan, oléh*
except	*kecuali*
for	*untuk, buat, bagi, guna*
from	*dari*
front	*depan, hadapan*
in, on	*dalam, pada, di*
of	*dari*
opposite	*seberang*
out	*luar*
since	*sejak, semenjak*
than	*daripada*
through	*melalui (lalu), léwat*
to	*ke, kepada*
towards	*menuju (tuju)*
with	*sama, serta, dengan*
without	*tanpa*

tentang	*Tentang/terhadap/mengenai perkara itu, saya tidak tau apa-apa* About the matter, I do not know anything.
atas	*atas angin* windward. *atas bantuan* with the assistance of. *atas kemauan sendiri* on one's own accord. *atas nama* in the name of. *atas permintaan* at the request of. *atas sungai* upriver. *atas undangan* at the invitation of. *atasan* superior. *di atas* above.
turut	*menurut abjad* alphabetical. *menurut akal* reasonable. *menurut banyaknya* quantitatively. *menurut imbangan* proportionally. *menurut kata orang* according to what people say. *menurut nafsu* according to one's desire. *menurut tingkat* gradually. *menurut waktu* chronologically.
sekitar	*alam sekitar* environment. *di sekitar rumah* around the house. *Harganya sekitar 1.000 rupiah* The price is about 1,000 rupiah.
sekeliling	*Ia memandang sekeliling* He looks around. *keadaan sekeliling* environment.
seperti	*seperti* as if. *seperti biasa* as usual. *seperti di atas* ditto. *dengan sepertinya* properly.
selaku	*selaku anggota panitya* as a member of the committee. *selaku ketua* as chairman.
pada	*pada hakikatnya* in reality. *pada hal* while. *pada hémat/pendapat saya* in my opinion. *pada masa itu* at that time. *pada mulanya* at

	the beginning. *pada saya* with me. *pada tempat itu* at that place. *pada umumnya* in general. *dalam pada itu* meanwhile.
di	*di atas* above. *di dapur* in the kitchen. *di depan* in front. *di hari kemudian* later. *di mana* where. *di rumah* at home. *di saat ini* at this moment. *di sini* here.
belakang	*belakang hari* future. *belakang rumah* behind the house. *belakangan* later on. *belakangan ini* recently. *di belakang* at the back. *ke belakang* to the rear, i.e. toilet.
sebelah	*sebelah sini* on this side. *berat sebelah* one-sided. *di sebelah* on the side of. *di sebelah kiri* on the left-hand side. *kamar sebelah* the room next door. *orang sebelah* neighbour.
antara	*antara dua hari* after two days. *antara itu* thereafter. *antara lain* among other things. *antara sebentar-sebentar* intermittently. *di antara* between, among. *pada antara itu* meanwhile.
dengan	*dengan alamat* with the address. *dengan begitu* thus. *dengan harga* at a cost of. *dengan hormat* with respectful greetings (used in correspondence). *dengan ini* by this, herewith. *dengan jalan* by means of. *dengan kadarnya* in a modest fashion. *dengan lisan* verbally. *dengan sekaligus* all together. *dengan sendirinya* automatically. *dengan sewajarnya* naturally. *dengan*

	suara nyaring loudly. *dengan tiada/tidak* without. *dengan tulisan* in writing. *Bagaimana dengan dia?* How is he? *sama dengan* together with.
oléh	*oléh ayah* by father. *oléh karena/sebab* because, since.
kecuali	*kecuali jika* unless. *kecualinya* exception. *tak ada kecualinya* there is no exception.
untuk	*untuk anak-anak* for the children. *untuk apa?* for what? *untuk beberapa waktu* for some time. *untuk siapa?* for whom? *Ini untuk saya* This is for me. *Ini uang untuk belanja* This is some money for expenses.
buat	*buat apa?* for what? *buat bésok* for tomorrow. *buat saya* as for me. *buat sementara waktu* for the time being. *apa boléh buat* what else can be done.
bagi	*bagi dua* divided into two. *bagi rata* shared equally. *ini bagi Anda* this is for you.
guna	*guna kepentingan umum* in the interest of the public. *apa gunanya?* what is the use?
dari	*dari hal* concerning. *dari mana?* from where? *dari pagi hingga malam* from morning to evening. *dari (sebab) itu* for that reason, therefore. *dari siapa* from whom. *dari tadi* for some time.
depan	*bulan depan* next month. *di depan* in front.

	ke depan to the front. *masa/hari depan* future.
hadapan	*bulan hadapan* next month. *di hadapan* in front. *pintu hadapan* front door.
dalam	*dalam hati* in one's heart. *dalam negeri* domestic. *dalam pada itu* meanwhile. *dalam sejam* in one hour. *dalam tidur* while sleeping. *dari dalam* from inside. *di dalam rumah* inside the house. *masuk ke dalam* go inside. *orang dalam* insider.
seberang	*Dia duduk di seberang saya* He sits opposite me. *Rumahnya di seberang jalan itu* His house is across the street.
luar	*luar batas* off limits. *luar biasa* extraordinary. *luar dugaan* outside expectation. *luar perkawinan* outside marriage. *luar negeri* abroad. *luar rencana* unplanned. *di luar* outside. *di luar kepala* by heart. *dunia luar* outside world. *kerja luar* outside work. *orang luar* outsider.
sejak	*sejak dahulu* since long ago. *sejak itu* since then. *sejak kecil* since childhood. *sejak tadi* since some time ago.
daripada	*Dia lebih tua daripada saya* He is older than I am. *Daripada lari baiklah mati* It's better dying than running away.
lalu	*melalui saluran diplomatik* through diplomatic channels. *melalui sebuah kota* to pass through a town.

léwat	*léwat darat* overland. *léwat pos* by post. *léwat télepon* by telephone. *léwat tengah malam* after midnight. *jam sembilan léwat sepuluh menit* it's ten minutes past nine. *waktu sudah léwat* the time has elapsed.
ke	*ke atas* upward. *ke bawah* downward. *ke mana?* where (are you) going? *ke samping* to the side. *ke sana* to there. *ke sini* to here. *ke sungai* to the river, i.e. to relieve oneself. *ke toko* to the shop. *dari hari ke hari* from day to day.
menuju	*Keréta bergerak menuju Jakarta* The vehicle moves towards Jakarta.
sama	*sama* same. *sama arti* same meaning. *sama dengan* same as. *sama kuat* same strength. *sama manusia* fellow human being. *sama saja bagi saya* it is all the same to me. *sama sekali* all together, entirely. *sama sendirinya* among themselves. *'terima kasih* thank you. *sama-sama* the same to you'.
serta	*serta berunding* join in the discussion. *serta-merta* immediately. *serta rasa* sympathy. *presiden serta rombongan* president and his party.
tanpa	*tanpa bayaran* gratis. *tanpa daksa* handicapped. *tanpa izin* without permit. *tanpa kekecualian* without exception *tanpa pamrih* without ulterior motive. *tanpa persiapan* without preparation. *tanpa prasangka* without prejudice.

10. THE HOUSE

bell	*bél*
board	*papan*
bridge	*jembatan, titian (titi)*
broom	*penyapu, sapu*
button, knob	*tombol*
corner	*sudut*
cupboard	*lemari*
door	*pintu*
drain	*saluran, selokan*
electricity	*listrik*
fence	*pagar*
floor	*lantai; tingkat*
garage	*garasi*
house	*rumah*
kitchen	*dapur*
pail	*émbér*
passage way	*lorong, gang*
pillar	*tiang*
porch	*serambi*
roof	*atap*
room	*kamar, ruang(an)*
stairs	*tangga*
store	*gudang*
tiles	*genting, ubin*
verandah	*beranda*
wall	*dinding, témbok*
well	*sumur, perigi*
window	*jendéla*

wire   *kawat*
yard   *halaman, pekarangan*

bél   *bél pengaman* alarm buzzer.

papan   *papan atas* first class. *papan beroda* skateboard. *papan catur* chessboard. *papan hubungan* switchboard. *papan jamban* seat of WC. *papan lapis* plywood. *papan lompatan/loncatan* springboard. *papan lupi* thick plank in a boat for seating. *papan mérek* signboard. *papan nama* name plate. *papan pelancar* surfing board. *papan pengumuman* bulletin board. *papan réklame* advertising board. *papan seterika* ironing board. *papan tangga* gangplank. *papan tulis* blackboard.

jembatan   *jembatan air* aqueduct. *jembatan angkat/jungkatan* draw bridge. *jembatan apung* floating bridge. *jembatan emas* golden bridge. *jembatan gantung* suspension bridge. *jembatan layang* traffic flyover. *jembatan lengkung* arched bridge. *jembatan pelampung* pontoon bridge. *jembatan penghubung dermaga* pier. *jembatan penyeberangan* pedestrian overpass. *jembatan semanggi* cloverleaf bridge. *jembatan timbang* weightbridge.

titi   *titi* small bridge. *titian* footbridge.

sapu   *sapu kaca* windshield wiper. *sapu kaki* doormat. *sapu lidi* broom. *sapu listrik* vacuum cleaner. *saputangan* handkerchief. *penyapu jalan* street sweeper. *penyapu ranjau* mine sweeper.

tombol *tombol pintu* door knob. *tombol tekan* push button.

sudut *sudut mata* the corner of one's eye.

lemari *lemari arsip* filing cabinet. *lemari besi* iron safe. *lemari buku* bookcase. *lemari dapur* kitchen cabinet. *lemari laci* chest of drawers. *lemari pakaian* wardrobe. *lemari pendingin/és* refrigerator.

pintu *pintu air* watergate. *pintu angin* air hole. *pintu api* fire gate. *pintu bahaya/darurat* emergency exit. *pintu belakang* back door. *pintu depan* front door. *pintu gerbang* gateway. *pintu keluar* exit. *pintu kereta api* train crossing gate. *pintu kolong* trap door. *pintu maling* side entrance. *pintu masuk* entrance. *pintu mati* sealed door. *pintu putar* revolving door. *pintu rangkap* folding door. *pintu rezeki* door of life/fortune. *pintu sorong* sliding door.

saluran *saluran air* drain, channel. *saluran empedu* duct for the bile. *saluran diplomatik* diplomatic channels. *saluran hukum* legal channels. *saluran pintas* bypass. *penyalur* distributor.

listrik *listrik masuk désa* electricity entering villages. *kursi listrik* electric chair. *fuse sekering/kontak listrik* short circuit. *kortsléting* electric short circuit. *sakelar* electric switch. *stéker* electrical plug; fitting electrical/light socket.

pagar *pagar alam* natural demarcation. *pagar betis* cordon. *pagar bulan* halo. *pagar désa* village guard. *pagar kawat berduri* barbed wire. *pagar hidup/tumbuh* hedge. *pagar kapal* ship railing. *pagar negeri* country's protector.

lantai *lantai bawah tanah* basement. *lantai dasar/ satu* ground floor. *lantai karét* rubber floor matting. *lantai ketiga* third floor. *lantai puncak* top floor. *lantai rumah* floor.

tingkat *tingkat hidup* standard of living. *tingkat kecerdasan* IQ level. *tingkat kelahiran* birth rate. *tingkat pengisian kamar* hotel occupancy rate. *tingkat pertumbuhan* growth rate. *tingkat sarjana* graduate level. *rumah tiga tingkat* a three-story house. *sampai pada tingkat tertentu* to a certain level.

rumah *rumah batu* brick house. *rumah berhala* temple. *rumah berloténg/bertingkat* storied house. *rumah besar* main building. *rumah dinas* official residence. *rumah gadai/pajak* pawnshop. *rumah liar* squatter's house. *rumah makan* restaurant. *rumah miskin/ piatu* orphanage. *rumah murah/rakyat* low-cost housing. *rumah panjang/pelacuran* brothel. *rumah pétak* apartment. *rumah sakit* hospital. *rumah séwa* house for rent.

	rumah tangga household. *rumah tinggal* residence.
dapur	*dapur koran* newsroom. *dapur umum* central kitchen. *belanja dapur* housekeeping money.
émbér	*dua émbér air* two pails of water.
lorong	*lorong kecil* small lane.
gang	*gang buntu* dead-end alley. *gang mobil* driveway.
tiang	*tiang agung* main mast. *tiang anténa* antenna mast. *tiang bendéra* flagpole. *tiang gantungan* gallows. *tiang kampung* village elder. *tiang listrik* electric mast. *tiang negara* pillars of state. *tiang pagar* fence post. *tiang penghidupan* main source of income. *tiang penuh* full mast. *setengah tiang* at half mast.
serambi	*serambi jantung* (anat.) auricle of the heart. *serambi muka* front porch. *serambi setasiun* station platform.
atap	*atap langit* in the open air. *atap séng* zinc-roof.
kamar	*kamar baca* reading room. *kamar bedah* operating room. *kamar belajar* study room. *kamar bersalin* delivery room. *kamar bicara* consultation room. *kamar bola* pool hall. *kamar dagang* chamber of commerce.

kamar depan front room. *kamar dingin/ sejuk* cold room. *kamar gas* gas chamber. *kamar gelap* darkroom. *kamar induk* master bedroom. *kamar kecil* W.C., toilet. *kamar makan* dining room. *kamar mandi* bathroom. *kamar mayat* mortuary. *kamar obat* pharmacy. *kamar prakték* doctor's office. *kamar rias* dressing room. *kamar tamu* guest room. *kamar tidur* bedroom. *kamar tunggal* single room. *kamar tunggu* waiting room.

ruang
ruang angkasa outer space. *ruang baca* reading room. *ruang hidup* living space. *ruang kapal* ship's hold. *ruang kerja* work room. *ruang istirahat* lounge. *ruang lingkup* scope. *ruang masuk* lobby. *ruang olahraga* sports column (in newspaper). *ruang pamér* showroom. *ruang sidang* conference room. *ruang tunggu* waiting room. *ruang udara* air space. *ruangan wanita* women's column.

tangga
tangga berjalan escalator. *tangga gaji* pay scale. *tangga pesawat* ramp of aircraft. *tangga pilin* winding staircase, stairs. *anak tangga* ladder.

gudang
gudang beras granary. *gudang dingin* cold store.

genting
genting berombak corrugated tile. *genting kodok* kind of thick tile. *atap genting* tiled roof.

ubin	*ubin porselén* wall tile.
beranda	*beranda belakang* back porch. *beranda muka* front porch. *beranda setasiun* station platform.
dinding	*dinding buta* blind wall. *dinding papan* wood portion. *dinding pisah* partition. *lampu dinding* wall light.
témbok	*témbok kering* stingy. *tukang témbok* bricklayer.
sumur	*sumur bor* artesian well. *sumur di tepi jalan* roadside well, everyone's lover. *sumur mati* dry well. *sumur minyak* oil field. *sumur pompa* pump well.
perigi	*perigi buta* dry well. *perigi wakaf* public well.
jendéla	*jendéla dunia* window of the world. *jendéla gésér* sliding window. *jendéla sorong* sliding window.
kawat	*kawat jeprét* staples. *kawat kasa* wire netting. *kawat listrik* electric cable. *kawat pijar* filament. *kawat tali* cord. *pagar kawat* wire fence. *surat kawat* telegram.
halaman	*halaman judul (buku)* title page. *halaman luar* outer cover (of book). *halaman muka* front yard; front page. *halaman rumah* yard of house. *halaman sekolah* schoolyard. *kampung halaman* village of birth.

11. EDUCATION AND COMMUNICATION

advertisement	*iklan, réklame*
alphabet	*abjad*
article	*rencana, karangan (karang), tulisan (tulis)*
card	*kartu*
communication	*perhubungan (hubung)*
diploma	*ijazah*
education	*pendidikan (didik)*
examination	*ujian (uji)*
field	*lapangan (lapang), bidang, jurusan, vak*
history	*sejarah*
instruction	*pengajaran (ajar)*
interview	*wawancara, tanya-jawab*
knowledge	*ilmu*
lecture	*kuliah*
lesson	*pelajaran*
letter	*surat; huruf, aksara*
list	*daftar*
map	*peta*
news	*berita*
paper	*kertas*
periodical	*majalah*
picture	*gambar*
post	*pos*
pronunciation	*lafaz, ucapan (ucap), sebutan*
report	*laporan (lapor)*

review	*tinjauan (tinjau), timbangan (timbang)*
scholar	*sarjana*
scholarship	*béasiswa*
spelling	*éjaan*
system	*tata*
test	*ulangan*

iklan   *iklan baris/mini* classified advertisement. *iklan keluarga* family news (births, marriages, deaths column).

réklame   *réklame televisi* television commercial.

abjad   *menurut abjad* according to alphabet.

rencana   *rencana bahasa* articles on language. *rencana induk* master plan. *rencana kerja* scheme of work; working schedule. *Rencana Pembangunan Lima Tahun* (REPELITA) Five Year Development Plan. *rencana surat* draft. *rencana undang-undang* draft bill. *rencana usul* draft proposal. *rencana waktu* schedule. *keluarga berencana* family planning. *tajuk rencana* editorial.

karang   *karangan acuan* reference article. *karangan bunga* bouquet. *karangan ilmiah* research article.

tulis   *tulisan cepat* stenography. *tulisan nasib* fate. *tulisan tangan* handwriting. *dengan tulisan* in writing.

kartu	*kartu anggota* membership card. *kartu kuning* yellow card, i.e. warning. *kartu masuk* entry card. *kartu mérah* red card, i.e. punishment. *kartu nama/alamat* name card. *kartu pelajar* student card. *Kartu Tanda Penduduk (KTP)* residency card. *kartu pindah* change-of-address card. *kartu post* postcard. *kartu tanda masuk* boarding pass. *kartu undangan* invitation card.
hubung	*hubungan dagang* trade relations. *hubungan keluarga* family relations. *hubungan pribadi* personal relations. *perhubungan udara* air communication. *Menteri Perhubungan* Minister of Communication.
ijazah	*ijazah guru* teacher's diploma. *ijazah sarjana* a B.A. degree. *guru berijazah* qualified teachers.
didik	*pendidikan dasar* basic education. *pendidikan keagamaan* religious education. *pendidikan kejuruan* vocational education. *pendidikan kewarganegaraan* civics. *pendidikan kewiraan* military training. *pendidikan orang déwasa* adult education.
uji	*ujian akhir* final examination. *ujian lisan* oral examination. *ujian masuk* entrance examination. *ujian negara* state examination. *ujian prakték* practical examination. *ujian saringan* selection examination. *ujian sekolah* school examination. *ujian tertulis* written examination. *pengikut ujian* examinee.

lapang	*lapangan bermain* playing field. *lapangan bola* football field. *lapangan golf* golf course. *lapangan kerja* employment (opportunity). *lapangan minyak* oil field. *lapangan pendidikan* education (field). *lapangan perang* battle field. *lapangan ranjau* minefield. *lapangan rumput* lawn. *lapangan penelitian* field of research. *lapangan témbak* artillery range. *lapangan ténis* tennis court. *lapangan terbang* air field. *kerja lapangan* field work. *mendapat lapangan* get an opportunity.
bidang	*bidang kerja* field of work. *bidang studi* field of study.
sejarah	*sejarah dunia* world history. *sejarah kuno* ancient history. *ahli sejarah* historian. *kota bersejarah* historical city. *peristiwa bersejarah* historical events.
ajar	*pengajaran bahasa* language teaching. *pengajaran sejarah* the teaching/instruction of history.
wawancara	*wawancara tévé* television interview.
ilmu	*ilmu agama* theology. *ilmu akhirat* eschatology. *ilmu alam* physics. *ilmu aljabar* algebra. *ilmu bahasa* linguistics. *ilmu bangsa-bangsa/etnologi* ethnology. *ilmu bangunan* architecture. *ilmu bedah* surgery. *ilmu bumi* geography. *ilmu hayat* biology. *ilmu héwan* zoology. *ilmu hisab/hitung* arithmetics. *ilmu hitam* black magic.

ilmu hukum legal science. *ilmu iklim* climatology. *ilmu jiwa* psychology. *ilmu pasti* mathematics. *ilmu pengetahuan* science. *ilmu kedokteran* medicine. *ilmu masyarakat* sociology. *ilmu ukur* geometry. *ilmu urai/tubuh* anatomy.

kuliah *kuliah subuh* (Isl.) morning lecture (given in mosque after dawn prayer). *jam kuliah* lecture hour. *mata kuliah* subjects. *ruang kuliah* lecture room. *uang kuliah* lecture fee.

ajar *pelajaran mengetik* typing lessons. *buku pelajaran* textbooks. *daftar pelajaran* list of subjects. *jam pelajaran* lesson hours. *mata pelajaran* subjects. *tahun pelajaran* year of study.

surat *surat andil* share certificate. *surat anggota* evidence of membership. *surat angkatan* letter of appointment. *surat bukti* voucher. *surat buta/kaléng/budeg* anonymous letter. *surat cacar* vaccination certificate. *surat dagang* business letter. *surat édaran* circular. *surat gadai* letter of mortgage. *surat ikrar* affidavit. *surat izin mengemudi (SIM)* driving licence. *surat jalan* travelling document. *surat jaminan* letter of indemnity. *surat kabar* newspaper. *surat kawin* marriage certificate. *surat kepercayaan* credentials. *surat keputusan* decree. *surat keterangan* certificate. *surat kewarganegaraan* citizenship papers. *surat kilat khusus* overnight delivery letter. *surat*

	kuasa letter of authorization. *surat mati* death certificate. *surat paksa* warrant. *surat pemberitahuan* information letter, notice. *surat selebaran* pamphlet. *surat tercatat* registered letter.
huruf	*huruf balok* block letters. *huruf besar* capital letters. *huruf cétak* printed letters/characters. *huruf harakah/hidup* vowel. *huruf Jawi* Arabic script used to write Malay language. *huruf kecil* lower case letter. *huruf mati* consonant. *huruf miring* italics. *huruf pégon* Arabic script used to write Javanese language. *huruf tebal* boldface type. *huruf tulis* cursive writing. *buta huruf* illiterate.
aksara	*aksara Cina* Chinese character. *aksara Jawa* Javanese letters. *aksarawan* literate. *niraksarawan* illiterate.
daftar	*daftar acara* programme. *daftar darab/kali-kalian* multiplication table. *daftar gaji/upah* payroll. *daftar hadir* attendance list. *daftar hitam* blacklist. *daftar isi* table of contents. *daftar kata* glossary. *daftar makanan* menu. *daftar nama* name list. *daftar pemilih* register of voters. *daftar penunjuk* index. *daftar pertanyaan* questionnaire. *daftar tunggu* waiting list.
peta	*peta angin* weather map. *peta bagan* outline map. *peta bumi* map. *peta laut* nautical map/chart. *peta timbul* relief map.

berita	*berita acara* official (police) report. *berita angin/burung* rumours. *berita keluarga* family news. *berita sepekan* weekly news. *berita singkat* news in brief. *warta berita* news.
kertas	*kertas bungkus* wrapping papers. *kertas dinding* wall paper. *kertas embun/kembang/lap/penetap* blotting paper. *kertas kerja* working paper. *kertas koran* newsprint. *kertas saring* filter paper. *kertas tulis* writing paper.
majalah	*majalah anak-anak* children's magazine. *majalah bergambar* illustrated magazine. *majalah budaya* cultural periodicals. *majalah keluarga* family magazines. *majalah sastra* literary magazines. *majalah wanita* women's magazines.
gambar	*gambar angan-angan* imaginary picture. *gambar cermin* reflection (from mirror). *gambar éjékan* caricature. *gambar hidup* life picture, film. *gambar hijau* blueprint. *gambar sampul/kulit* dust jacket. *gambar témpél* illustrated poster. *buku gambar* sketch book.
pos	*pos éksprés/kilat* express mail. *pos laut* sea mail. *pos penjagaan* guard post. *pos tercatat/terdaftar* registered mail. *pos udara* air mail. *kantor pos* post office. *kotak pos* post box.
lafaz	*lafaz bahasa Arab sukar* Arabic pronunciation is difficult.

ucap *ucapan selamat* congratulation.

lapor *laporan kemajuan pekerjaan* progress report. *laporan keuangan* financial report. *laporan penelitian* research report. *laporan pérs* press report. *laporan tahunan* annual report.

tinjau *tinjauan buku* book review. *tinjauan sejarah* historical review.

timbang *timbangan buku* book review. *timbangan daging* meat scales.

sarjana *sarjana bahasa* language scholar. *Sarjana Hukum* Master of Laws (LLM). *Sarjana Muda* Bachelor of Arts. *Sarjana Sastra* Master of Arts; literature expert. *Sarjana Utama* master's degree. *Sarjana Wisuda* degree candidate.

béasiswa *dapat béasiswa* obtain a scholarship.

éjaan *éjaan yang disempurnakan* perfected spelling, i.e. spelling system adopted by Indonesian and Malaysian governments in 1972.

tata *tata adab* good manners. *tata air* irigation. *tata bahasa* grammar. *tata bangunan* architecture. *tata bentuk/kata* morphology. *tata boga* food management. *tata buku* book-keeping. *tata busana* dress code. *tatacara* agenda; regulation. *tata éjaan* orthography. *tata geréja* church ritual. *tata* *graha* home making. *tata guna tanah* land use. *tata hidup* way of life. *tata hukum* legal structure. *tata istilah* terminology. *tata kalimat* syntax. *tata kantor* office management. *tata krama* etiquette. *tata kerja* method of work. *tata kota* city planning. *tata laksana* managing. *tata lampu* lightning. *tata letak* side plan. *tata lingkungan* environment managing. *tata masyarakat* social structure. *tata monetér* monetary system. *tata muka* cover layout. *tata nama* nomenclature. *tata negara* government structure. *tata niaga* marketing. *tata nilai* value system. *tata pelajaran* curriculum. *tata personalia* personnel management. *tata perusahaan* business management. *tata pimpinan* management. *tata praja* public administration. *tata puspa* flower arrangement. *tata rambut* coiffure. *tata rias* make-up. *tata ruang* interior design. *tata sopan* courtesies. *tata suara* sound system. *tata susila* morality. *tata surya* solar system. *tata syarat* requirements. *tata taman* landscaping. *tata tari* choreography. *tata tempat* layout. *tata tertib* discipline. *tata tingkat* hierarchy. *tata usaha* administration. *tata warna* technicolour. *tata udara* air-conditioning. *tata upacara* protocol.

ulangan *ulangan ilmu pasti* mathematics test. *latihan ulangan* test drills. *siaran ulangan* repeated broadcast.

12. FOOD

brain	*otak*
bread	*roti*
butter	*mentéga*
chicken	*ayam*
crab	*kepiting*
croquette	*perkedél, krokét*
cuttlefish	*cumi-cumi*
dish	*lauk*
duck	*bébék, itik*
eggs	*telur*
fish	*ikan*
food	*makanan (makan)*
frog	*kodok*
goat	*kambing*
liver	*hati*
meat	*daging*
noodle	*bakmi, mie, bihun*
oil	*minyak, lemak*
oysters	*tiram*
paddy	*padi*
pickles	*acar*
pig	*babi*
porridge	*bubur*
potato	*kentang*
prawn, shrimps	*udang*
rice	*nasi* (cooked), *beras* (uncooked)
snacks	*penganan, kudapan*

soup	*sop, soto*
tuber	*ubi*

otak *otak ayam/udang* chicken/shrimp brain; stupid. *otak benak* brain; sense. *otak besar* (anat.) cerebrum. *otak kecil* (anat.) cerebellum. *otak miring* crazy. *otak-otak* a kind of snack made of fish. *memeras/memutar otak* rack one's brain. *tajam otak* sharp-witted.

roti *roti bakar/panggang* toasted bread. *roti kering* dried bread. *roti kismis* raisin bread. *roti kukus* steamed cupcakes. *roti manis* sweat bread. *roti mentéga* bread and butter. *roti panggang* toast. *roti tawar/putih* white bread. *tepung roti* breadcrumbs.

mentéga *mentéga buatan/tiruan* margarine. *mentéga kacang* peanut butter. *surat mentéga* letter of dismissal.

ayam *ayam aduan/sabungan* fighting cock. *ayam alas/beroga/hutan* jungle fowl. *ayam belanda* turkey. *ayam bugil* featherless chicken. *ayam dara* pullet. *ayam goréng* fried chicken. *ayam itik* fowls (in general). *ayam jago/jantan* cock, rooster. *ayam kampung* village chicken. *ayam katik* dwarf cock. *ayam ke(m)biri* capon. *ayam mutiara* guinea fowl. *ayam negeri* domestic poultry. *ayam pedaging* broiler. *ayam petelur* layer (chicken). *ayam potong/sembelihan* fryer (chicken). *ayam pungguk* fowl without tails.

	ayam sayur potpourri. *ayam tambatan* old servants. *ayam-ayam* waterfowl.
kepiting	*sebagai kepiting batu* (Prov.) like a stone crab, i.e. stingy.
perkedél	*perkedél daging* meat croquette. *perkedél jagung* corn croquette. *perkedél ranjungan* crab croquette.
krokét	*krokét ikan* fish croquette.
cumi-cumi	*ikan cumi-cumi* cuttlefish.
lauk	*lauk-pauk* a variety of dishes.
bébék	*bébék* domesticated duck. *bébék goréng* fried duck. *bébék panggang* roasted duck.
itik	*itik air* water duck. *itik laut* sea teal. *itik liar* wild duck.
telur	*telur asin* salted egg. *telur bulat/bujur* round egg. *telur busuk/tembelang* addled egg. *telur campur* scrambled egg. *telur ceplok* fried egg. *telur dadar* omelette. *telur di ujung tanduk* (Prov.) egg on top of animal horns, i.e. precarious. *telur kocokan* scrambled eggs. *telur kol* cauliflower egg. *telur mata sapi* fried egg sunny-side up. *telur rebus* boiled egg. *telur tetas/bibit* brood egg. *dapat telur* get zero. *kuning telur* egg yolk. *putih telur* egg white.
ikan	*ikan anso* anchovy. *ikan asin* salted fish.

ikan ayam chicken meat. *ikan bakar* barbecued fish. *ikan basah/segar* fresh fish. *ikan bawal* pomfret. *ikan benter* carp. *ikan cakalang* skipjack. *ikan darat* freshwater fish. *ikan gurami* carp. *ikan hias* ornamental fish. *ikan hiu/yu* shark. *ikan kakap* snapper. *ikan layang/terbang* flying fish. *ikan lidah* sole. *ikan lindung* eel. *ikan mangsi* cuttlefish. *ikan mas* goldfish. *ikan mua* eel. *ikan pari* ray. *ikan paus/raya* whale. *ikan pépés* spiced fish roasted in banana leaf. *ikan salai* smoked fish. *ikan salam/salem* salmon. *ikan sebelah* flat fish. *ikan suji* sword fish. *ikan tambang* herring. *ikan tongkol* tuna.

makan *makanan cepat siap* fast food. *makanan cuci mulut* dessert. *makanan empuk* soft/tender food, i.e. easy prey. *makanan kaléngan* canned food. *makanan kecil* snacks. *makanan ringan* light snacks. *makanan mentah* uncooked food. *makanan pokok* staple food. *makanan ternak* cattle fodder. *makanan utama* main dish.

kodok *kodok goréng* fried frogs. *kodok hijau* ricefield frog. *kodok puru* toad. *kodok-kodok* piston. *mati kodok* die for nothing.

kambing *kambing hitam* black sheep, scapegoat. *kambing hutan* wild goat. *daging kambing* mutton. *kelas kambing* cheap class (cinema, hotel).

hati *hati beku* cold heart. *hati bercagak*

	insincere. *hati buntu* afraid, uneasy. *hati kecil* conscience, inner voice. *hati kecut* cowardly, timid. *hati nurani/sanubari* conscience, inner feelings. *jantung hati* sweetheart.
daging	*daging asap* smoked meat. *daging awét* preserved meat. *daging babi* pork. *daging giling* minced meat. *daging kaléng* canned meat. *daging kancing* muscle. *daging menémpél* calloused wart. *daging mentah* raw meat. *daging mérah* red meat. *daging sapi* beef. *daging sapi muda* veal. *daging segar* fresh meat. *daging tidak berlemak* lean meat. *daging tulang domba* lamb chops. *daging tumbuh* wart.
bakmi	*bakmi basah* wet noodles. *bakmi goréng* fried noodles. *bakmi kering* noodles. *bakmi pangsit* noodle soup with wonton.
mie	*mie bakso* noodles soup with meatballs.
minyak	*minyak angin* 'wind' oil, i.e. ointment. *minyak babi* lard. *minyak bakar* fuel oil. *minyak bijan/wijén* sesame oil. *minyak bumi* mineral oil. *minyak cat* linseed oil. *minyak gas* kerosene. *minyak gelap* black oil. *minyak goréng* cooking oil. *minyak ikan* cod-liver oil. *minyak jagung* corn oil. *minyak kacang* peanut oil. *minyak kelapa* coconut oil. *minyak lampu* kerosene. *minyak lincir/lumas* lubricating oil. *minyak macan* a liniment. *minyak makan* edible oil. *minyak mawar* rose oil. *minyak mentah/*

kasar crude oil. *minyak mesin* engine oil. *minyak nilam* patchouli oil. *minyak palem/sawit* palm oil. *minyak rambut* hair cream. *minyak sayur* vegetable oil. *minyak semir* lubricating oil. *minyak silinder* cylinder oil. *minyak suci* chrism. *minyak tanah* petroleum. *minyak wangi* perfume.

lemak *lemak babi* pork fat. *lemak héwani* animal fat. *lemak nabati* vegetable oil. *lemak tubuh* body fat. *lemak tulang* marrow.

tiram *saus tiram* oyster sauce.

padi *padi cere/genjah/ringan* fast-growing rice. *padi berat dalam* slow-growing rice. *padi gadu* wet-field rice. *padi gogo/huma/ladang* dry-field rice. *padi jawi* ordinary rice. *padi ketan/pulut/radin* glutinous rice.

acar *acar kubis* sauerkraut.

babi *babi alur/gajah/murai* tapir. *babi asap* smoked pork, ham. *babi/baran/jalang/hutan* wild pig. *babi duyung* purpoise/manatee. *babi guling* roasted (whole) pig. *babi kecap* pork cooked in soya sauce. *babi laut* sea urchin. *babi rantai/tunggal* wild pigs which live isolated from other pigs. *babi tanah* anteater.

bubur *bubur ayam* chicken porridge. *bubur kacang hijau* greenbean porridge. *bubur kayu* wood pulp. *bubur sumsum* rice flour porridge. *nasi sudah jadi bubur* (Prov.)

rice has become porridge, i.e. nothing can be done anymore.

kentang *kentang goréng* potato chips. *kentang ongklok* broken boiled potatoes. *kentang puré* mashed potatoes.

udang *udang bago* tiger prawn. *udang barong/galah* lobster. *udang batu* rock shrimp. *udang geragau/gerangau* small shrimp used to make shrimp paste. *udang karang* crayfish. *udang kering* dried shrimp. *kerupuk udang* chips made from prawn.

nasi *nasi beriani* rice cooked with meat and spices. *nasi detus* half-cooked rice. *nasi goréng* fried rice. *nasi gudeg* rice cooked with young jackfruit and spices. *nasi gurih/uduk* rice cooked in coconut milk. *nasi kebuli* rice cooked with mutton. *nasi kerak* rice cooked from rice crust. *nasi kukus/lengat/tim* steamed rice. *nasi kuning/kunyit* yellow rice. *nasi lemang* rice cooked in bamboo tube. *nasi liwet* rice boiled in water. *nasi minyak* 'oily' rice. *nasi pulut/ketan* cooked glutinous rice. *nasi putih* white rice. *nasi rames* rice with dishes. *nasi rawon* rice served with beef stew. *teman nasi* side dishes.

beras *beras basah/kumbah/lembab* wet/rinsed/moist rice, i.e. useless articles. *beras bersih/cerah* clean rice. *beras bertih* parched rice. *beras campur* mixed rice. *beras dagang* imported rice. *beras giling* polished rice.

	beras kencur galingale rice used as medicine. *beras kepala* finest quality rice. *beras ketan/pulut* glutinous rice. *beras kunyit* yellow rice. *beras menir* small broken rice. *beras mérah* red rice. *beras patah* broken rice. *beras pecah kulit* rice with inner bran layer. *beras perelek* rice fallen out of sacks during transportation. *beras petas/ketas* various kinds of rice. *beras putih* white rice. *beras recak-recak* cracked rice. *beras sosoh* husked rice. *beras tumbuk* stamped/ pounded rice.
sop	*sop ayam* chicken soup. *sop buntut* oxtail soup. *sop kaldu* broth.
ubi	*ubi halia* artichoke. *ubi jalar/jawa* sweet potato. *ubi kayu/ketéla/singkong* cassava. *ubi keladi* yam. *ubi kelapa/manuis/ menjangan* various types of potatoes. *ubi kelédék/rambat* sweet potato. *ubi kenduduk* tuber. *ubi kentang/welanda* potato. *ubi teropong/kemayung* inferior types of potatoes.

13. VEGETABLES AND INGREDIENTS

beans	*buncis, kacang*
betel leaf	*sirih*
cabbage	*kubis, kol, sawi*
carrots	*bortel, wortel*
chilli	*cabai mérah; sambal*
condiment	*terasi, petis, belacan*
corn	*jagung*
cucumber	*timun, mentimun*
cumin	*jintan*
curry	*kari*
eggplant	*terung*
flour	*tepung, bubuk, serbuk, terigu*
ginger	*jahé, halia*
gourd	*labu*
leaf	*daun*
lettuce	*selada*
material	*bahan*
mushrooms	*jamur, cendawan*
onions	*bawang*
pepper	*merica, lada*
raddish	*lobak*
salad	*gado-gado, selada*
salt	*garam*
sauce	*saus, kecap*
seed	*biji*
sesame	*bijan, wijén*
soup	*kuah*
spices	*rempah-rempah, bumbu*

spinach	*bayam*
tamarind	*asam*
tumeric	*kunyit*
vegetables	*sayur*
vinegar	*cuka*
water convolvulus	*kangkung*

buncis — *buncis* string bean. *buncis mérah* kidney bean.

kacang — *kacang asin* salted peanut. *kacang bandung/cina* small peanut. *kacang belimbing* pea. *kacang buncis* string bean. *kacang goréng* fried peanuts. *kacang hijau* green beans. *kacang kara* oval, flat nut. *kacang kedelai* soya bean. *kacang mérah* kidney bean. *kacang (jambu) monyét/mété* cashew nut. *kacang panjang* long bean. *kacang rebus* boiled peanut. *kacang tanah* peanuts.

sirih — *sirih kuning* a pretty girl. *sirih masak* a complete set of betel ready for chewing. *sirih pinang* betel and areca nut (mark of homage). *makan sirih* chew betel. *uang sirih* tips.

kol — *kol/blumkol kembang* cauliflower. *kol mérah* red cabbage. *kol putih* white cabbage. *kol umbi* coldish turnip.

sawi — *sawi hijau* celery cabbage. *sawi putih (pecai)* chinese cabbage. *sawi tanah* a kind of healing plant/cabbage.

wortel	*wortel mérah* red carrots.
cabai	*cabai Jawa/panjang* long pepper. *cabai mérah* red chilli. *cabai/cabé rawit* a small, very pungent chilli. *kecil-kecil cabai rawit* (Prov.) small but courageous. *mendapat cabai rawit* (Prov.) get a scolding.
sambal	*sambal goréng* spicy sauce. *sambal terasi* sauce made with shrimp paste. *sambal ulék* sauce made by crushing spices in a mortar. *gertak sambal* (Prov.) intimidation.
terasi	*terasi udang* shrimp paste.
petis	*petis* fish or shrimp paste condiment.
belacan	*belacan* fish or shrimp paste condiment.
jagung	*jagung bakar* roasted corn. *jagung brondong/meletus/kembang* popcorn. *jagung pipilan* husked corn. *jagung titi/ jagung tumbuk/tepung jagung* cornstarch.
mentimun	*mentimun dendam* bitter cucumber.
jintan	*jintan hitam* cumin. *jintan manis* anise seed. *jintan putih* white cumin.
kari	*kari ayam* chicken curry.
terung	*terung belanda/terung hitam* type of egg-plants. *tua-tua terung muda* (Prov.) a youngish old man.

tepung — *tepung beras* rice flour. *tepung gandum* wheat flour. *tepung jagung* cornflour. *tempung kanji* cornstarch. *tepung ragi* baking powder. *tepung tulang* bonemeal.

bubuk — *bubuk beras* rice flour. *bubuk kopi* coffee powder. *bubuk roti* breadcrumbs. *bubuk sabun* soap powder. *bubuk tembakau* tobacco powder.

serbuk — *serbuk besi* iron filings. *serbuk bunga/sari* pollen. *serbuk gergaji* sawdust. *serbuk kelantang* bleaching powder. *serbuk mesiu* gunpowder. *benang serbuk* stamen. *obat serbuk* powdered medicine.

terigu — *tepung terigu* wheat flour.

jahé — *jahé telur* ginger eggs.

labu — *labu air* vegetable marrow. *labu kencing* urine bottle. *labu manis* gourd. *labu mérah* pumpkin. *labu siam* squash.

daun — *daun bawang* leek. *daun bunga* petal. *daun hidup* touch-me-not. *daun jeruk purut* citrus leaf. *daun kemudi* afterpiece of rudder. *daun lindung* flyleaf. *daun jendéla* window (leaf). *daun méja* table leaf. *daun neraca* scales for weighing. *daun pedang* sword blade. *daun pintu* leaf of door. *daun préi* chives. *daun rokok* cigarette paper. *daun salam* bay leaf/laurel-like leaf used in cooking. *daun telinga* auricle of ear. *tulang daun* leaf vein.

selada — *selada air* watercress. *minyak selada* salad oil.

bahan — *bahan bacaan* reading materials. *bahan bakar* fuel. *bahan bangunan* building materials. *bahan baku/mentah* raw materials. *bahan berita* news materials. *bahan galian* mineral. *bahan hidup* provisions. *bahan jadi* manufactures. *bahan makanan* foodstuff. *bahan pakaian* clothing materials. *bahan pelajaran* instructional materials. *bahan peledak/letupan* explosives. *bahan pembicaraan* material of discussion. *bahan pewarna* colouring. *bahan ramuan* spices.

jamur — *jamur api* fire fungus. *jamur kuping* edible fungus, tree ears. *jamur merang* small round edible mushrooms. *jamur upas* fungus from a kind of poisonous plant.

cendawan — *cendawan batang* toadstool. *sebagai cendawan tumbuh dalam musim hujan* (Prov.) like mushrooms that appear rapidly after the rain.

bawang — *bawang acar* pickled onion. *bawang benggala* big onions. *bawang cina* white spring onion from China. *bawang daun/hijau* scallion. *bawang kucai* leek. *bawang mérah* red onion. *bawang perai* leek. *bawang putih* garlic. *makan bawang* (Prov.) angry.

merica — *merica bubuk* ground pepper. *merica bulat* peppercorns. *merica hitam* dark pepper. *merica putih* white pepper.

lada	*lada api* 'fiery' pepper. *lada hitam sulah* (or *sahang*) black pepper. *lada mérah* red pepper. *lada tumbuk* ground pepper.
lobak	*lobak asin* salted radish. *lobak cina* turnip. *lobak mérah* beet.
gado-gado	*bahasa gado-gado* mixed languages. *lagu gado-gado* potpourri.
garam	*garam bata* block or brick salt. *garam curai* non-iodized salt. *garam hancur(an)/méja* table salt. *garam hidup* experience of life. *garam kapur* calcium. *banyak makan garam dunia ini* (Prov.) experience. *membuang garam di laut* (Prov.) throw salt in the sea, i.e. a wasted effort.
saus	*saus tomat* tomato ketchup.
kecap	*kecap* soya sauce. *kecap asin* salty soya sauce. *kecap manis* sweet soya sauce.
biji	*biji jeruk* orange seed. *biji mata* eyeball. *biji padi* unhusked rice. *biji pala* nutmeg. *biji polongan* bean seed. *biji sawit* palm seed.
bijan	*minyak bijan/wijén* sesame oil.
kuah	*kuah sup* soup. *bakmi kuah* noodle with soup.
rempah	*rempah pawah/perawis/piah* various spices or ingredients. *rempah-rempah* various spices.

bumbu	*bumbu hidup* spices of life. *bumbu kari* curry powder. *bumbu penyedap* flavouring spices. *bumbu-bumbuan* various spices. *banyak bumbu* spicy.

bayam	*bayam duri* a vegetable, the roots of which are medicinal. *bayam mérah* red spinach. *bayam nasi* spinach with large leaves. *bayam putih* amaranth.

asam	*asam air* uric acid. *asam arang* carbon dioxide/carbonic acid. *asam arsenat* arsenic. *asam belérang* sulphuric acid. *asam borak* boric acid. *asam cuka* acetic acid. *asam garam* hydrochloric acid, flavouring (esp. tamarind and salt). *asam jeruk* citric acid. *asam lambung* gastric juice. *asam limau* citric acid. *asam nit(e)rat* nitric acid. *asam nitrit* nitrous acid. *asam salisilat* salicylic acid. *asam samak* tannic acid. *asam semut* formic acid.

kunyit	*seperti kunyit dengan kapur* (Prov.) like turmeric and lime, i.e. easy to mix.

sayur	*sayur asam/asém* sour vegetable soup. *sayur asinan* spiced raw vegetable salad. *sayur lodéh* vegetables cooked in coconut milk. *sayur-mayur* all kinds of vegetables.

cuka	*cuka belanda* artificial vinegar. *cuka méja* table vinegar. *cuka putih* white vinegar. *minum cuka pagi hari* (Prov.) to drink vinegar in the morning, i.e. to start the morning badly.

kangkung *kangkung air* a type of leafy vegetables which grows in water. *kangkung darat* 'land' *kangkung*.

14. DRINKS AND BAKERY GOODS

beer	*bir*
biscuit	*biskuit*
cake	*kué*
cheese	*kéju*
chocolate	*coklat*
coffee	*kopi*
cocktail	*campuran minuman keras*
cream	*kepala susu*
drink, beverage	*minuman*
herbal tonic	*jamu*
ice	*és*
juice	*sari buah, jus*
lemon	*limun*
liquor	*sopi manis*
milk	*susu*
spring rolls	*lumpia*
spirits	*alkohol*
sugar	*gula*
syrup	*setrop*
tea	*téh*
toddy	*tuak*
water	*air*
wine	*anggur, arak*

bir	*bir hitam* stout. *bir kaléng(an)* canned beer. *bir tong(an)* draft beer.
biskuit	*biskuit nasib* fortune cookies.
kué	*kué acuan* cupcake. *kué apel* apple pie. *kué basah* steamed cake. *kué besar* kek. *kué dadar* macaroon. *kué donat* doughnut. *kué kering* cookies. *kué lapis* layer cake. *kué mangkuk* cupcakes. *kué pengantin* wedding cake. *kué pisang* banana cake. *kué putu* steamed cake. *kué simping* flat round cracker. *kué talam* cake in tray. *kué ulang tahun* birthday cake. *kué-kué* various kinds of cakes.
kéju	*kéju belanda* Dutch cheese. *kéju kacang* peanut butter. *roti kéju* cheese cake.
coklat	*coklat hitam* dark brown. *coklat susu* milk chocolate. *warna coklat* dark brown colour.
kopi	*kopi bubuk* powdered coffee. *kopi hitam/pahit* black coffee (no cream). *kopi keras/kental* strong coffee. *kopi murni* pure coffee. *kopi susu* coffee with milk. *kopi tubruk* extra strong coffee. *mendapat kopi pahit* (Prov.) get a scolding. *uang kopi* coffee money, i.e. bribe.
kepala	*kepala santan* coconut cream. *kepala susu* cream.
minuman	*minuman campuran* mixed drinks. *minuman keras* alcoholic drinks. *minuman*

meruap aerated waters. *minuman pelenyap dahaga* thirst quencher. *minuman ringan/lembut/lunak* soft drinks.

jamu   *jamu bersalin* tonic for pregnant woman. *jamu géndong* traditional herbal tonic. *jamu godog* boiled herbal tonic. *jamu kuat* tonic.

és   *és batu* ice cube. *és gepukan* crushed ice. *és gosok/serut* shaved ice. *és kas* icebox. *és kopyor* a beverage made of young coconut meat. *és krim* ice-cream. *és lilin/loli/mambo/roli/cipok* popsicle. *és téh* iced tea. *air és* iced water. *lemari és* refrigerator. *hujan és* hail.

sari   *sari delé* soya bean milk. *sari kopi* instant coffee. *sari madu* royal jelly. *sari nanas* pineapple juice. *serbuk/tepung sari* pollen.

limun   *limun skuas* lemon squash.

sopi   *sopi pahit* jenever.

susu   *susu beku* curdled milk. *susu bubuk* powdered milk. *susu bubuk tanpa lemak* skimmed milk. *susu éncér* evaporated milk. *susu kaléngan* canned milk. *susu kedelai* soya bean milk. *susu kental* condensed milk. *susu segar* fresh milk. *susu tanpa sari* skimmed milk. *air susu* milk. *kopi susu* coffee with milk. *puting susu* nipple.

lumpia   *lumpia basah* (unfried) egg roll. *lumpia goréng* fried egg roll.

gula   *gula anggur* grape sugar. *gula batu/kembang* lump sugar. *gula darah* blood sugar. *gula halus/pasir* refined sugar. *gula jawa* palm sugar. *gula kacang* kind of peanut brittle. *gula kelapa* coconut palm sugar. *gula mérah* brown sugar. *gula tarik* candy floss. *gula tebu* cane sugar. *gula tétés* molasses. *gula-gula* sweet, candy. *ada gula ada semut* (Prov.) where there is sugar there are ants i.e. everyone fastens where there is gain. *air gula* syrup. *penyakit gula* diabetes.

setrop   *és setrop* iced lemonade.

téh   *téh botol* bottled tea. *téh daun* whole-leaf tea. *téh és* iced tea. *téh kotak* packaged tea. *téh manis* sweet tea. *téh pahit* bitter or plain tea. *téh pucuk* pekoe tea. *téh susu* tea with milk. *téh tawar* unsweetened tea. *téh wangi* fragrant tea. *air téh* tea (water). *daun téh* tea leaves.

tuak   *tuak anggur* grape alcoholic wine. *tuak keras* strong alcoholic palm wine. *tuak manis* sweet alcoholic palm wine.

air   *air abu* lye. *air ampuh/bah besar* flood. *air anggur* wine. *air arwah* holy water. *air batu/beku* ice. *air belanda/soda* soda water. *air bena* rising tide. *air cuci kumbahan* washing water. *air dadih* whey (of milk). *air daging* stock. *air gula* sugar water. *air hidung* mucus. *air jeruk* orange juice. *air kaldu* broth. *air kali* river water. *air kapur* whitewash. *air kelapa* coconut water. *air* *keling* spring tide. *air kemih/kencing/seni* urine. *air keras* hard water. *air kumur* mouth-wash. *air lata* water fall. *air lebah* honey. *air limau* lemonade. *air léding* piped water. *air lendir* phlegm. *air limbah* waste water, sewage. *air liur* saliva. *air lunak* soft water. *air madu* honey. *air mancur* fountain. *air mandi* bathing water. *air mani* sperm. *air mas* gilding water. *air masin* salt/sea water. *air mata* tears. *air mati* stagnant water. *air mawar* rose water. *air mentah* unboiled water. *air merta jiwa* 'life-saving' water. *air muka* facial expression. *air murni* pure water. *air pasang* high tide. *air pembersih* lotion. *air pendingin* cooling water. *air perak* silver zinc. *air putih* plain/cooked water. *air rasa/raksa* quicksilver. *air sabun* soapsuds. *air sadah* hard water. *air saluran* tap water. *air sebak* flooding. *air seléra* saliva. *air sembahyang* water for ritual ablution. *air sembilan* water for corpse-washing. *air seni* urine. *air soda* soda water. *air suci* holy water. *air suling* distilled water. *air sumber* spring or well water. *air sumur* well water. *air sungai* river water. *air surut* low tide. *air susu (ibu)* mother's milk. *air tanah* ground water. *air terjun* waterfall. *air timah* tin coating. *air wangi* perfume. *air (w)udu* water for ritual ablution.

anggur *anggur kering* raisin. *anggur obat* medicinal wine.

arak *arak obat* medicinal wine.

15. FRUITS AND PLANTS

areca nut	*pinang*
bamboo	*buluh, bambu*
banana	*pisang*
branch	*cabang, dahan*
citrus	*jeruk, limau*
coconut	*kelapa, nyiur*
dates	*kurma*
fig	*ara*
flower	*bunga, kembang*
fruit	*buah*
grape	*anggur*
grass	*rumput*
guava	*jambu*
jackfruit	*nangka, cempedak*
jam	*selai, serikaya*
mango	*embacang, mempelam, mangga*
moss	*lumut*
papaya	*betik, pepaya*
pineapple	*nanas*
plants	*tumbuh-tumbuhan*
plantation	*kebun, perkebunan*
pomegranate	*delima*
root	*akar*
rubber	*karét, getah*
shoot	*tunas, pucuk*
skin	*kulit*
sprout	*pucuk*
stalk	*tangkai*

starfruit	*belimbing*
sugar cane	*tebu*
sugar palm	*enau*
thorn	*duri, onak*
tobacco	*tembakau*
tree	*pohon, pokok*
trunk	*batang*
twig	*ranting*
underbush	*belukar*
wood	*kayu*

pinang — *pinang masak* ripe areca nut of orange colours. *pinang muda* (Prov.) young areca nut, i.e. matchmaker. *pinang sirih* mixture for chewing betel.

buluh — *buluh akar/betung* big bamboo. *pembuluh darah* blood vessel. *pembuluh nadi* artery. *pembuluh balik* vein.

bambu — *bambu duri* thorny bamboo. *bambu runcing* bamboo spear.

pisang — *pisang akar* climbing banana. *pisang Ambon* large green banana. *pisang batu/biji* wild banana with seeds. *pisang benang* high-quality thread banana. *pisang goréng* fried banana. *pisang kapas* squat, angular banana. *pisang kapok* squarish banana. *pisang mas* small 'golden' banana. *pisang nangka* large 'jackfruit' banana. *pisang raja* large, red/yellow sweet banana. *pisang salai* sun-dried banana chips. *pisang serai* short and thin banana. *pisang seribu* extremely small banana. *pisang susu* short starchy banana. *pisang tanduk* long horn-like banana. *pisang uli* green banana.

cabang *cabang atas* upper level. *cabang dua* two-branched.

jeruk *jeruk bali* pomelo. *jeruk bodong* sour lime. *jeruk garut/kepruk* tangerine or orange that peels easily. *jeruk keriput* grapefruit. *jeruk limau* smallest citrus. *jeruk manis* orange. *jeruk nipis* calamondin. *jeruk pecel* lime. *jeruk peras* tangelo, a kind of juicy citrus. *jeruk purut* wrinkled fragrant lime used as medicine. *jeruk siam* orange. *jeruk sinasapel* imported orange. *jeruk sitrun* lemon.

limau *limau besar* pomelo. *limau manis* orange. *limau nipis* sour lime, calamondin. *asam limau* sour lemon.

kelapa *kelapa gading* ivory-coloured coconut. *kelapa genjah* low coconut palm. *kelapa kering/cungkil* copra. *kelapa kopyor/puan* coconut with soft flesh. *kelapa sawit* oil palm. *gula kelapa* coconut sugar. *minyak kelapa* coconut oil. *pohon kelapa* coconut tree. *tua-tua kelapa* (Prov.) the older the better.

nyiur *nyiur kelongkong* young coconut with soft edible flesh. *nyiur sunkuran* young coconut.

kurma *pohon kurma* dates tree.

ara *hutang/pinjam kayu ara* (Prov.) a debt unlikely to be paid. *menanti ara tidak bergetah/hanyut* (Prov.) waiting for something unlikely to happen. *pohon ara* fig tree.

bunga *bunga angin* a light breeze. *bunga api* fireworks. *bunga ban* stripe (of tyre). *bunga bibir* sweet words. *bunga campak* beginning stage of measles. *bunga emas* artificial flower of gold. *bunga karang* sponge. *bunga kertas* artificial flower. *bunga kusta/puru* white spot on skin; sign of leprosy or ulcer. *bunga lawang* aniseed. *bunga latar* prostitute, street-walker. *bunga majemuk* inflorescence; compound interest. *bunga matahari* sunflower. *bunga pala* mace (spice). *bunga rampai* bouquet; anthology. *bunga raya/sepatu* hibiscus; prostitute. *bunga tanah* humus. *bunga tiruan* artificial flowers.

kembang *kembang api* fireworks. *kembang gula* candy. *kembang hati* cheerful. *kembang kempis* panting. *kembang kuncup* open and close (of flowers). *kembang latar/malam* prostitute. *kembang loyang* a kind of cake. *kembang pala* mace (of nutmeg). *kain kembang* flowery cloth. *kertas kembang* blotting paper.

buah *buah adpokat* avocado. *buah apel* apple. *buah anggur* grape. *buah betis* calf (of the leg). *buah baju* button. *buah bibir/mulut/ tutur* topic of gossip/coversation. *buah catur* chessman. *buah dacing* weighing scale. *buah dada* breast, bosom. *buah dam* checker (game). *buah fikiran* opinion. *buah hati/mata* sweetheart. *buah kalam/péna* writing. *buah lengan* biceps. *buah mimpi* dream. *buah pelir* testicles. *buah pinggang* kidney. *buah tangan* gifts. *buah terlarang* forbidden fruits (usu. sex). *buah undi* dice. *buah usaha* result of one's work. *buah zakar* testicles. *buah-buahan* all kinds of fruits.

anggur *anggur beranak/bersalin* 'child-birth' tonic. *anggur kering* currant, raisin. *anggur obat* medicinal wine.

rumput *rumput air* swamp grass. *rumput bambu* kind of herb. *rumput benggala* pasture grass. *rumput gelagah* kind of grass. *rumput Jepang* kind of fine decorative grass. *rumput kering* hay. *rumput laut* seaweed. *embun di hujung rumput* (Prov.) dew at grass's end, i.e. transitory. *padang rumput* grass land. *topi rumput* straw hat.

jambu *jambu air* mountain apple. *jambu biji* guava. *jambu bol/dersana* Malay rose-apple. *jambu médé/monyét* cashew fruit.

nangka *nangka belanda* soursop. *nangka bubur* soft-fleshed jackfruit. *nangka salak* kind of jackfruit with firm flesh.

selai	*selai kacang* peanut butter. *selai nanas* pineapple jam.
embacang	*menyimpan embacang masak* (Prov.) to keep a ripe mango, i.e. to let out a secret.
lumut	*lumut daun* moss. *lumut ékor kuning* algae. *lumut karang* sponge.
betik	*betik belulang/bubur* kind of papaya.
nanas	*nanas belanda/seberang* kind of pineapple.
tumbuh-tumbuhan	*tumbuhan menjalar* crawling plants. *tumbuh-tumbuhan air* water plants. *ilmu tumbuh-tumbuhan* botany.
kebun	*kebun binatang* zoo. *kebun budidaya* (rubber, tea) estate. *kebun bunga* flower garden. *kebun karét* rubber estate. *kebun padi* rice plantation. *kebun percobaan* trial plantation. *kebun raya* botanical garden. *kebun tebu* sugar plantation. *kebun tunggal* mono-cultivation. *perusahaan perkebunan* plantation.
delima	*delima merekah* (Prov.) a ripe pomegranate, i.e. girls' lips.
akar	*akar apung* floating roots. *akar bahar* sea plant. *akar bilangan* (math.) root (of number). *akar bulu* root of a hair. *akar canang* adventitious root. *akar cina* a kind of shrub. *akar gambir* climbing plant. *akar gantung/tunjang* aerial root. *akar isap*

sutorial root. *akar gigi* root of tooth. *akar jara* drilling root. *akar kata* root word. *akar kayu* a creeper. *akar pahit* bitter root. *akar rambut* hair follicle. *akar samping/serabut/umbi* adventitious root. *akar tombak/tunggang/susu* large straight root. *akar tuba* poisonous root. *akar tunjang/umbi* above-ground root, tuber. *akar wangi* fragrant root. *bilangan akar* number of roots. *tanda akar* radical sign.

karét *karét alam* natural rubber latex. *karét ban* rubber band. *karét bongkah(an)/remah* crumb rubber. *karét buatan* synthetic rubber. *karét busa* foam rubber. *karét cair* latex. *karét kasar* crude (rubber). *karét perkebunan* estate rubber. *karét tinta* ink eraser. *jam karét* rubber clock, i.e. late. *pohon karét* rubber tree. *permén karét* chewing gum.

getah *getah bening* lymph. *getah karét* rubber sap. *getah lambung* gastric juice. *getah lendir* mucus. *getah perca* gutta-percha. *getah rokok* tar (of cigarette). *getah susu* cream latex.

tunas *tunas muda* young talent. *tunas bangsa* hope of a nation. *masa tunas* incubation period.

pucuk *pucuk api* tongue of flame. *pucuk dicinta ulam tiba* (Prov.) get something better than expected. *pucuk lembing* spearhead. *pucuk nuklir* war head. *pucuk ombak* crest (of golf). *pucuk pimpinan* the leadership. *mati* *pucuk* impotent. *tak pucuk di atas enau* (Prov.) very conceited.

kulit *kulit adam* newly grown skin under the nail. *kulit ari* epidermis. *kulit batang/kayu* tree bark. *kulit berwarna* coloured skin. *kulit buku* book cover. *kulit bumi* earth's crust. *kulit daging* family members. *kulit kebal* invulnerable. *kulit kerang* clamshell. *kulit khatan* foreskin. *kulit kué* pie crust. *kulit lawang* spices. *kulit lembu* oxhide. *kulit manis* cinnamon. *kulit muka* front cover; skin on face. *kulit putih* the white-skin. *kulit roti* bread crust. *kulit sampul* dust jacket. *kulit sekam* rice husk. *kulit tiruan* artificial skin. *ilmu penyakit kulit* dermatology. *penyakit kulit* skin disease.

tangkai *tangkai bunga* flower stalk. *tangkai hati* sweetheart. *tangkai jering* a miser. *tangkai péna* penholder.

belimbing *belimbing sayur* 'vegetable' carambola. *belimbing wuluh* small, sour carambola.

tebu *tebu biasa* milling sugar cane. *tebu bibit* seed sugar cane. *tebu rakyat* sugar cane planted by the people. *tebu tunas* ratoons. *dapat tebu rebah* very lucky. *gula tebu* cane sugar.

duri *duri dalam daging* a (Prov.) thorn in the flesh. *buah durian* torny fruit. *kawat berduri* barbed wire.

tembakau *tembakau garang* dried tobacco. *tembakau*

hutan kind of shrub with healing power. *tembakau impor* imported tobacco. *tembakau kerosok* dried tobacco leaf. *tembakau pépéan* tabacco dried in the sun.

pohon *pohon angin* thundercloud. *pohon bahasa* basis of language. *pohon buah* fruit tree. *pohon cengkéh* clove trees. *pohon kayu* tree. *pohon mata* inner corner of the eye. *pohon pala* nutmeg tree. *pohon telinga* base of ear. *pohon tunjang* lotus tree. *ada angin ada pohonnya* (Prov.) there is a cause for everything.

pokok *pokok* tree; main. *pokok acara* main item (of agenda). *pokok bahasan* topic of dicussion. *pokok beringin* banyan tree. *pokok hidangan* main course. *pokok hujan* rain cloud. *pokok kayu* tree trunk. *pokok/ pohon karét* rubber tree. *pada pokoknya* basically.

batang *batang air* tributary. *batang besi* bar of iron. *batang coklat* chocolate bars. *batang hari* river basin. *batang hidung* bridge of the nose. *batang lengan* arm. *batang léhér* nape of the neck. *batang nadi* aorta. *batang padi* rice stalk. *batang pohon* trunk. *batang tubuh* body. *batang zakar* penis. *sebatang kara* (Prov.) all alone in the world.

ranting *ranting tenggorok* (anat.) bronchiole.

belukar *belukar sudah menjadi rimba* (Prov.) underbush has become jungle, i.e. lost forever.

kayu *kayu api* firewood. *kayu arang* charcoal wood. *kayu bakar* firewood. *kayu bangunan* lumber (for construction). *kayu besi* ironwood. *kayu bulat/bundar/gelondangan* log. *kayu cendana* sandalwood. *kayu daun/keras* hard wood. *kayu gabus* cork. *kayu gergajian* sawing wood/sawn timber. *kayu hutan* wild wood. *kayu jarum* soft wood. *kayu kasar* rough lumber. *kayu lapis* plywood. *kayu manis* cinnamon. *kayu palang/silang* crossbar. *kayu pelampung/hanyutan* drift-wood. *kayu pembuku* baton. *kayu pemukul* ball bat.

16. ARTS AND ENTERTAINMENT

art	*seni*
book	*buku, kitab*
brochure	*risalah, brosur*
cinema	*bioskop*
culture	*budaya*
dance	*tarian (tari)*
dictionary	*kamus*
drama	*sandiwara, lakon*
entertainment	*hiburan (hibur)*
exhibition	*paméran (pamér)*
event	*peristiwa*
fable	*dongéng*
festival	*perayaan (raya)*
film	*film*
literature	*sastra*
manuscript	*naskah*
novel	*roman*
painting	*lukisan (lukis)*
performance	*pertunjukan (tunjuk), pergelaran (gelar)*
puppet	*wayang*
puppeteer	*dalang*
reader	*pembaca (baca)*
screen	*layar*
song	*lagu, nyanyian (nyanyi)*
story	*cerita*
summary	*ringkasan (ringkas), ikhtisar*
translation	*terjemahan (terjemah)*

seni *seni bangunan* architecture. *seni budaya* culture. *seni drama tari (= sendratari)* ballet. *seni lukis* painting. *seni pahat/patung* sculpture. *seni peran* art of acting. *seni rakyat* folk arts. *seni rupa* fine arts. *seni sastra* literature. *seni suara* art of singing. *seni sungging* art of enamelling. *seni tari* dancing. *seni yudha* art of war.

buku *buku acara* programme. *buku acuan/referensi* reference book. *buku bacaan* reader. *buku besar/kas* ledger. *buku biru* blue book. *buku catatan* notebook. *buku cék* chequebook. *buku daftar* book of registration. *buku ékspédisi* delivery book. *buku geréja* prayer book. *buku harian* diary, journal. *buku hijau* green book, i.e. health certificate for the pilgrims to Mecca. *buku hitam* black list. *buku ilmiah* scientific book. *buku jiplakan* plagiarized book. *buku kanak-kanak (buku komik)* children's book. *buku kuning* yellow book; books written in Arabic script. *buku laris* bestseller *buku muatan* cargo book. *buku nilai* teacher's marks book. *buku panduan/pedoman* guidebook. *buku pegangan* handbook. *buku pelajaran* textbook. *buku penuntun* manual. *buku petunjuk* directory. *buku petunjuk télépon* telephone directory. *buku picisan* trash novels. *buku putih* white book. *buku saku* pocket book. *buku sébaran* pamphlet. *buku simpanan/tabungan* saving account book. *buku tamu/résépsi* guest book. *buku pintar* reference book.

kitab *kitab al-kudus* holy book. *kitab hukum* law

book. *kitab Injil* the Bible. *Kitab Perjanjian Baru/Lama* (Chr.) New/Old Testament. *kitab suci* the Holy Scripture. *kitab suci agama Islam* the Qur'an. *kitab undang-undang* legal code.

risalah	*risalah agama* religious pamphlet. *risalah rapat* minutes of meeting.
budaya	*budaya Jawa* Javanese culture. *budaya politik* political culture.
tari	*tari lilin* candle dance. *tari perut* belly dance. *tari topéng* mask dance. *tarian berirama* rhythmic dances. *tarian pujaan* ritual dance. *tarian rakyat* folk dance.
kamus	*kamus dwibahasa* bilingual dictionary. *kamus ekabahasa* monolingual dictionary. *kamus istilah* dictionary of technical terms. *kamus kantung/saku* pocket dictionary. *kamus pelajar* students' dictionary.
sandiwara	*sandiwara bonéka* puppet show. *sandiwara radio* radio play.
lakon	*lakon/sandiwara gembira* comedy. *lakon pertama* first act. *lakon sandiwara* stage play. *lakon/sandiwara sedih* tragedy.
hibur	*hiburan rakyat* folk entertainment.
pamér	*paméran buku* books exhibition. *paméran bunga* floral show. *paméran busana/pakaian* fashion show. *paméran kekuatan*

show of force. *paméran makanan* food festival. *paméran senjata* weapon show. *paméran tunggal* one-man show.

peristiwa — *peristiwa bersejarah* historical event. *peristiwa penting* important event. *sekali peristiwa* once upon a time.

dongéng — *dongéng perumpamaan* fable. *dongéng rakyat* folklore.

raya — *perayaan tahun baru* new year festival.

film — *film bicara* speaking film. *film biru/cabul* pornographic film. *film bisu* silent film. *film dokuménter* documentary film. *film mandarin* a Chinese film. *film perdana* film shown at première.

sastra — *sastra bandingan* comparative literature. *sastra daérah* regional literature. *sastra dunia* world literature. *sastra lisan* oral literature. *sastra rakyat* folk literature. *sastra tulisan* written literature.

naskah — *naskah asli* original text. *naskah ceramah* text of a talk. *naskah film* scenario. *naskah lama* old manuscript.

roman — *roman detéktif* detective novel. *roman muka* features. *roman picisan* popular novel. *roman sejarah* historical novel.

lukis — *lukisan dinding* mural. *lukisan peristiwa* description of events.

tunjuk   *pertunjukan amal* charity performance. *pertunjukan film* film show. *pertunjukan perdana* première.

gelar   *pergelaran bunga* floral show. *pergelaran busana* fashion show. *pergelaran jazz* jazz concert. *pergelaran/pageran wayang* wayang performance.

wayang   *wayang bébér* puppet show using a picture scroll. *wayang gelap/gambar* cinema. *wayang golék* 'horse' puppet show using wooden puppets. *wayang kelitik/kerucil* puppet show with flat wooden puppets. *wayang kulit* shadow play with leather puppets. *wayang orang/wong* traditional stage performance with wayang themes. *wayang potéhi* Chinese hand-puppet show. *wayang purba* ancient puppet show. *wayang suluh* puppet show in Indonesian. *wayang topéng* stage show with masked dancers. *wayang wahyu* 'divine' puppet show with leather puppets.

dalang   *dalang komplotan* mastermind behind a plot. *dalang wayang* puppeteer.

baca   *pembaca berita* news reader. *surat pembaca* readers' letters.

layar   *layar putih/pérak* silver screen. *layar radar* screen. *layar tévé* television screen. *belayar* set sail. *di belakang layar* behind the curtain. *pelayaran* voyage.

lagu   *lagu hiburan* light music. *lagu keroncong*

	folk songs (from Jakarta). *lagu perjuangan* patriotic songs.
nyanyi	*nyanyian kuil* hum. *nyanyian geréja* hymns.
cerita	*cerita berbingkai* story with a frame. *cerita bergambar* comic books *cerita bersambung* serialized story. *cerita bohong* hoax. *cerita burung* a bird's story, i.e. gossip. *cerita panjang* long story, novelette. *cerita péndék* short story. *cerita rakyat* folk story. *cerita rékaan* fiction. *cerita sejarah* historical fiction. *cerita silat* kungfu story.
ringkas	*ringkasan cerita* a summary of story.
ikhtisar	*ikhtisar warta berita* news in brief.
terjemah	*terjemahan bébas* free translation. *terjemahan harfiah* literal translation. *terjemahan ilmiah* scientific translation. *terjemahan lisan* oral translation. *terjemahan lurus* direct translation. *terjemahan sastra* literary translation.

17. VERBS (II): COOKING TERMS

bake/burn	*bakar*
boil	*rebus, godok*
beat	*aduk*
chill	*dinginkan*
conserve	*awétkan (awét)*
cook	*masak, tanak, jerang*
cut	*potong*
dip	*celup*
dissolve	*larut*
fill	*isi*
filter	*tapis*
fry	*goréng*
grill, roast	*panggang*
grind	*giling*
heat	*panaskan (panas)*
light	*nyalakan (nyala)*
make	*buat, bikin*
mince	*cincang, cacah*
mix	*campur, randau, rencah*
peel	*kupas, kuliti (kulit)*
pound	*tumbuk*
pour	*tuang*
prepare	*siapkan (siap)*
salt, to add	*garami (garam)*
saute	*tumis*
season	*bumbui (bumbu), rempahi (rempah)*
sift	*saring*

simmer	*rendang*
slice	*iris*
smoke	*asap; salai*
steam	*kukus, tim*
stir	*kocok*
taste	*cicipi (cicip)*

bakar	*bakar ikan* roast fish. *bakar sampah* burn rubbish. *bakar saté* roast satay.
rebus	*rebus air* boil water. *rebus pisang* boil banana. *rebus telur* boil eggs.
aduk	*aduk gulai* mix curry. *aduk kopi* stir coffee. *aduk semén* mix cement and sand.
dinginkan	*dinginkan hati* cool down the heart. *dinginkan makanan* cool the food.
awét	*awét muda* staying young. *awétkan buah-buahan/makanan* conserve fruits/food.
masak	*masak/jerang air* boil water. *masak kué* bake a cake. *masakan* food. *alat pemasak* a cooker.
tanak	*tanak/jerang nasi* cook rice.
potong	*potong ayam* (Prov.) slaughter a chicken, i.e. swear. *potong bicara* interrupt. *potong daging* cut meat. *potong rambut* get a haircut. *potongan* discount.
celup	*celup roti di susu* dip bread in milk.

larut	*larutkan gula* dissolve the sugar. *Garam larut cepat di dalam air* Salt dissolves quickly in water.
isi	*Isi termos dengan air panas* Fill the thermos flask with hot water. *isi waktu* fill in the time.
tapis	*tapis air* filter water. *tapis berita* censor news. *tapis kopi* filter coffee. *kertas tapis* paper for filtering.
goréng	*goréng ikan* fry fish. *goréng pisang* fry bananas. *pisang goréng* fried bananas.
panggang	*panggang ayam* grill chicken. *ayam panggang* grilled chicken. *panggang roti* toast bread.
giling	*giling beras* mill rice. *giling padi* grind paddy.
panas	*panas bara* glowing heat. *panas tubuh* body heat. *panaskan makanan (nasi, sayur)* heat up the food (rice, vegetables).
nyala	*nyalakan api* start a fire. *nyalakan lampu* switch on the light.
buat	*buat kopi* make coffee. *buat kué* make cake. *buat roti* make bread.
cincang	*cincang bawang mérah* cut red onion into pieces. *cincang daging* chop meat.
cacah	*cacah daging* mince meat.

campur	*campur aduk* mix. *campur baur/gaul* associate with. *campur bicara/mulut* join in others' conversation. *campur ikut/turut* interfere. *campur ketimun dengan nanas* mix cucumber and pineapple. *campur nasi dengan pisang* mix rice and bananas. *campur tangan* interfere.
randau	*randau nasi dengan jagung* mix rice with corn. *randau sayur-mayur* various types of vegetables.
kupas	*kupas jeruk* peel an orange. *kupas pepaya* peel a papaya. *kupasan* analysis.
kulit	*kuliti buku* cover a book. *kuliti kambing* skin a goat. *kuliti lembu* skin a cow.
tumbuk	*tumbuk bumbu* pound spices. *tumbuk lada* pound pepper. *tumbuk padi* pound paddy.
tuang	*tuang air ke gelas* pour water into a glass. *tuang minyak ke jerikén* pour oil into jerrycan.
siap	*siap cétak* ready for printing. *siap pakai* ready to wear. *siap siaga* alert. *siap tempur* ready to combat. *siapkan laporan* prepare a report. *siapkan makan malam* prepare dinner. *siapkan sarapan* prepare breakfast.
garam	*garami lauk-pauk* add salt to the dishes.
tumis	*tumis kangkung* sauté water convolvulus.

bumbu	*bumbu karé* curry powder. *Jangan banyak bumbui sayur* Don't add too much spices to the vegetable.
rempah	*rempah perawis* various types of spices. *rempahi gulai* add spices to curry. *rempahi makanan dengan merica* season the food with pepper.
saring	*saring air/minyak* sift water/oil. *saringan* sieve.
rendang	*meréndang daging* simmer meat.
iris	*iris bawang/bread* slice onion/bread.
asap	*asap air* vapour. *asap daging* smoke meat. *asap dapur* livelihood. *asap kendaraan/ buangan* exhaust fumes. *asap pakaian* perfume clothes. *asap ratus* fragrant fumes.
salai	*salai ikan* smoke fish. *ikan salai* smoked fish.
kukus	*kukus nasi* steam rice.
tim	*mentim nasi* to steam rice. *nasi tim* steamed rice.
kocok	*kocok obat itu dulu* shake the medicine first. *kocok perut* make someone rock his belly with laughter. *kocok telur* stir eggs.
cicip	*cicipi kué ini* please taste this cake.

18. ADJECTIVES (I): SENSES

bitter	*pahit*
clean	*bersih*
cold	*dingin*
delicious	*sedap, énak, lezat*
dirty	*kotor*
drunk	*mabuk, mandam*
dry	*kering*
empty	*kosong, hampa*
fragrant	*wangi, harum*
fresh	*segar*
full	*kenyang*
gluttonous	*lahap, rakus, gelojoh*
hard	*keras*
hot	*pedas; panas*
hungry	*lapar*
insipid	*tawar*
pure	*murni*
raw	*mentah*
ripe	*matang, masak*
salty	*asin*
smelly	*amis, busuk*
soft	*lembut*
sour	*masam*
stale	*basi*
sweet	*manis*
tender	*empuk*
thick	*kental*
thin	*éncér*

thirsty	*haus, dahaga*
wet	*basah*

pahit — *pahit* bitter. *pahit getir* affliction. *pahit hati* bitter feeling. *pahit maung* very bitter. *kenyataan pahit* bitter reality. *obat pahit* bitter medicine. *pelajaran pahit* a bitter lesson.

bersih — *bersih* clean. *bersih dari* free from. *bersih suci* innocent. *bersihkan* clean up. *keuntungan bersih* net profit. *piring bersih* clean plates. *rumah bersih* a clean house. *Tempat itu bersih* The place is clean.

sedap — *sedap* delicious. *sedap hati* pleased. *sedap malam* fig, a kind of flower; prostitute. *bau sedap* a pleasing fragrance/smell. *sedapkan* make tasty, please. *makanan sedap* delicious food. *tak sedap badan* not feeling well.

énak — *énak* tasty. *énak dimakan* good to eat. *énak kepénak* (Jav.) pleasure. *Kué itu énak rasanya* The cake taste delicious. *kurang énak* does not feel well. *masakan yang énak* delicious cooking. *tidur énak* sleep soundly.

lezat — *makanan lezat* delicious food.

kotor — *kotor* dirty. *kotoran* faeces. *kotorkan* make dirty. *berat kotor* gross weight. *Makanan itu kotor* The food is dirty. *mulut kotor* dirty-mouthed. *pakaian kotor* dirty clothes.

penghasilan kotor gross income. *penyakit kotor* dirty disease, i.e. venereal disease.

mabuk *mabuk* drunk. *mabuk asmara/berahi* madly in love. *mabuk bunga raya* flushed from drinking. *mabuk bunga selasih* slightly drunk. *mabuk cendawan/kepayang* madly in love. *mabuk darah* fainted on seeing blood; blood-thirsty. *mabuk kekuasaan* power crazy. *mabuk kemenangan* drunk with victory. *mabuk kendaraan* vehicle-sickness. *mabuk laut/ombak* seasick. *mabuk pangkat* crazy about position. *mabuk uang* money-crazy. *mabuk udara* airsick. *mabukkan* intoxicate.

kering *kering* dry. *kering darah* bewildered. *kering embun* 7.30 a.m. *kering kerontang* dried up completely. *kering kersang* barren. *kering ringkai* bone dry. *kering tempé* dried soyabean cake. *keringkan* dry up. *béri-béri kering* scurvy (without swelling). *ikan kering* dried fish. *musim kering* dry season. *tanah kering* dry land; uncultivated land.

kosong *kosong* empty. *kosong melompong* idle. *kosongkan* empty. *jabatan kosong* vacancy. *kertas kosong* blank piece of paper. *omong kosong* empty talk; talking nonsense. *Otaknya kosong* His head is empty. *peti kosong* empty chest. *tangan kosong* empty-handed. *tempat kosong* unoccupied place. *waktu kosong* free time.

hampa *hampa tangan* empty-handed. *hampa udara* vacuum.

wangi	*wangi* fragrant. *air wangi* perfume. *bau wangi* fragrance smell.
harum	*harum bunga* flowers' fragrance. *harumkan* make fragrant. *kayu cendana harum* sandalwood is fragrant. *Namanya harum* He is famous.
segar	*segar* fresh. *segar bugar* healty and strong. *segarkan* refresh. *sayur-sayuran segar* fresh vegetables.
kenyang	*kenyangkan* satiate. *makan kenyang* eat until one is full. *Saya sudah kenyang* I am already full.
lahap	*Makannya lahap sekali* He eats gluttonously.
rakus	*rakus makan uang* greedy for money.
keras	*keras* hard. *keras hati* resolute. *keras hidung* wilful. *keras lidah* hard-tongued. *keras kepala* stubborn. *keras mulut* argumentative. *keraskan* harden. *bau keras* strong smell. *Dagingnya keras* The meat is tough. *jaga keras* watch closely. *kemahuan yang keras* strong will. *kerja keras* work hard.
pedas	*Makanan itu pedas* The food is spicy.
panas	*panas* hot. *panas bara* glowing heat. *panas bumi* geothermal. *panas dingin* malarial; cold and hot. *panas hati* angry. *panas pijar* red-hot. *panas terik* burning hot. *panas*

	tubuh body temperature. *baju panas* warm clothing. *makanan panas* hot food. *minuman panas* hot drinks. *sakit panas* fever, flu.
lapar	*lapar* hungry. *lapar gizi* malnutrition. *lapar uang* hungry for money. *laparkan* make hungry. *mati kelaparan* die of hunger. *saya lapar* I am hungry.
tawar	*tawar* tasteless; ineffective. *tawar bisa* antidote. *tawar hati* discouraged. *tawar nyeri* painkiller. *air tawar* freshwater. *kopi tawar* unsweetened coffee. *makanan tawar* insipid food. *roti tawar* unsweetened bread.
murni	*susu murni* breast milk. *emas murni* pure gold.
mentah	*mentah* raw. *Anda masih mentah* You are still green (inexperienced). *buah mentah* unripe fruit. *ikan mentah* raw fish. *mébel mentah* semi-finished furniture.
matang	*matang* ripe. *Buah mangga belum matang* The mangoes are not ripe. *Nasi sudah matang* The rice is cooked.
masak	*masak di luar mentah di dalam* ripe outside, raw inside. *masak dini* ripe early. *masak kelamin* sexually matured.
asin	*asin* salty. *asin garam* worries; problems. *asinan* pickles. *supnya terlalu asin* the soup is too salty.

amis	*ikan itu amis* the fish tastes rancid.
busuk	*busuk* rotten. *busuk hati* evil-minded. *Mangga itu sudah busuk* The mangoes are rotten. *bau busuk* bad smell. *nama busuk* bad name.
lembut	*lembut* soft. *lembut hati* soft-hearted. *lembutkan* soften. *suara lembut* soft voice. *warna lembut* soft colour.
masam	*masam* sour. *masam tanah* acidity of soil. *masamkan* make sour. *buah masam* sour fruit. *mangga masam* a sour mango.
basi	*basi* stale. *cerita basi* old/stale story. *nasi basi* spoiled rice.
manis	*manis* sweet. *manisan* sweets. *maniskan* sweeten. *hitam manis* beautiful dark-brown complesion (of girl). *gadis manis* a sweet girl. *kata-kata manis* sweet words. *kué manis* sweet cake.
empuk	*empukkan* soften. *daging itu empuk* the meat is tender. *kursi empuk* soft chair.
kental	*kopi kental* thick/strong coffee. *sahabat kental* close friends. *santan kental* thick coconut milk. *sup kental* thick soup.
éncér	*Kopi itu éncér* The coffee is thin/weak. *otak éncér* smart.
haus	*haus akan* thirsty for. *haus dahaga* very

thirsty. *Saya haus sekali* I am very thirsty.

basah *basah* wet. *basah kuyup/lecap/léncong* soaking wet, wringing wet. *basahkan* dampen. *basahkan kerongkong* wet one's throat, i.e. drink. *kué basah* soft steamed cakes. *pekerjaan yang basah* a well-paid job. *sawah basah* irrigated rice field.

19. TIMES AND SEASONS

afternoon	*soré* (3.00 p.m.–6.00 p.m.), *petang*
afterwards	*kemudian, sesudah itu*
age	*masa, zaman*
before	*dahulu, dulu, sebelumnya*
date	*tanggal*
dawn	*fajar, dinihari, subuh*
day	*hari*
day after tomorrow	*lusa*
daytime	*siang* (10.00 a.m.–3.00 p.m.)
dusk	*senja*
early	*dini*
hour	*jam*
just now	*tadi*
later	*nanti, kelak*
moment	*saat, ketika*
month	*bulan*
morning	*pagi* (till 10.00 a.m.)
night	*malam*
noon	*tengah hari*
now	*sekarang, kini*
nowadays	*déwasa ini*
season	*musim*
second	*detik*
time	*waktu, masa*
tomorrow	*bésok*
week	*minggu, pekan*
year	*tahun*

yesterday	*kemarin*

soré	*soré hari* in the afternoon. *soré-soré* evening. *kemarin soré* yesterday afternoon. *Rabu soré* Wednesday afternoon. *satu soré* one afternoon. *tadi soré* this afternoon.
petang	*petang hari* afternoon. *petang Ahad malam Senin* Sunday night towards Monday. *bésok petang* tomorrow afternoon.
kemudian	*kemudian daripada itu* after that. *kemudian ini* afterwards. *di kemudian hari* in the future. *kereta api kemudian* the next train.
sudah	*sudah léwat* expire. *sesudahnya* afterwards. *tahun yang sudah* the past year.
masa	*masa azali* ancient times. *masa bébas bayar bunga* grace period from paying interest. *masa belajar* study period. *masa depan* future. *masa genting* critical period. *masa itu* at that time. *masa jabatan* term of office. *masa kanak-kanak* childhood. *masa kecil* youth. *masa kini* nowadays. *masa lampau/silam* the past. *masa pancaroba* time of change. *masa remaja* puberty. *masa tenggang* grace period. *masa tua* old age. *semasa* when. *semasa-masa* at any time.
zaman	*zaman batu* stone age. *zaman dahulu* old times. *zaman depan/muka* future. *zaman édan* crazy time. *zaman peralihan*

transitional period. *akhir zaman* end of the times. *ketinggalan zaman* out-of-date.

dahulu   *dahulu* formerly. *dahulu kala* long ago. *duduk dahulu* sit down for a moment. *kemarin dahulu* day before yesterday. *lebih dahulu* first, before others. *sejak dahulu* since long ago. *tunggu dahulu* wait a moment. *zaman dahulu* former times.

dulu   *jangan pergi dulu* don't go as yet. *saya pergi dulu* I go first. *siapa dulu siapa dapat* first come first served.

tanggal   *tanggal* date. *tanggal akhir/tua* end of the month. *tanggal berangkat* date of departure. *tanggal berapa?* what is the date? *tanggal kedaluwarsa* expiry date. *tanggal lahir* date of birth. *tanggal main* date of performance. *tanggal muda* beginning of the month. *tanggal terakhir* deadline. *tanggalan* calendar. *bertanggal* dated.

fajar   *fajar menyingsing* day-break. *fajar sidik* dawn.

hari   *hari acara* session (of court). *hari baik* lucky day. *hari batal* expiration day. *hari besar/raya* holiday. *hari bulan* date. *hari buruh* labour day. *hari buruk* unlucky day. *hari depan/ésok* future. *hari gajian* pay-day. *hari gelap* dark day. *hari hisab/mahsyar* day of judgement. *hari hujan* rainy day. *hari jatuh* date due. *Hari Kemerdékaan* Independence Day. *hari kemudian* the future. *hari kerja* working days. *hari kiamat* doomsday. *hari krida* physical activity day. *hari lahir/ulang tahun* birthday. *hari libur* holiday. *Hari Natal* Christmas. *Hari Pahlawan* Heroes' Day. *hari peringatan* anniversary. *hari pekan* market day. *hari raya/Lebaran* holiday especialy at the end of fasting month. *hari sekolah* schooldays. *hari sial/naas* unlucky day. *hari sidang* court day. *hari tua* old age. *hari wafat* date of death. *hari wisuda sarjana* graduation day (in university). *dari hari ke hari* from day to day. *sehari* one day. *sehari kemudian* one day later. *sehari suntuk* the whole day. *sehari-hari* every day. *sehari-harian* the whole day. *sepanjang hari* all day. *buku harian* diary.

lusa
 bésok lusa tomorrow or day after tomorrow, i.e. before long.

siang
 siang bolong broad daylight. *siang hari* daytime. *siang malam* day and night. *siang-siang* early. *bangun kesiangan* get up late. *buta siang* day blindness. *hari pun sianglah* it's daylight. *jam dua belas siang* 12.00 noon. *makan siang* lunch. *Senin siang* Monday afternoon.

senja
 senja raya/buta late twilight. *senjakala* twilight.

dini
 lahir dini born prematurely. *sedini mungkin* as early as possible. *sistem peringatan dini* early warning system.

jam
 jam béker alarm clock. *jam berangkat/*

pulang kerja rush hours. *jam berapa?* what time is it? *jam bicara* consultation hours. *jam dinding* wall clock. *jam dua* it is two o'clock. *jam kantor* office hours. *jam karét* 'rubber time', i.e. always late. *jam kerja* working hours. *jam malam* curfew. *jam puncak/ramai-ramai* peak hours. *jam tangan* wrist watch. *jam yang ramai/sibuk* busy hours. *jam-jaman* by the hours. *berjam-jam* for hours. *dua jam* two hours.

tadi *tadi pagi* just now (in the morning). *tadinya* at first, previously.

nanti *nanti dulu!* wait a moment! *nanti malam* tonight. *nanti siang* later in the afternoon. *nanti soré* this afternoon. *nantinya* eventually. *itu perkara/urusan nanti* this is a matter for later concern. *hari nanti* later. *sampai nanti* see you later. *tak nanti* never.

kelak *kelak kemudian* later. *di kelak hari* later, before long. *akhir kelaknya* sooner or later.

saat *saat genting* crucial moment. *saat lepas landas* take off time (of airplane). *saat naas* unlucky moment. *sesaat kemudian* a moment later. *pada saat itu* at that moment. *sudah sampai saatnya* it's high time.

ketika *ketika itu juga* that very instant. *pada ketika itu* at that moment.

bulan *bulan haji* pilgrimage month (12th month of the Islamic calendar year). *bulan madu* honeymoon. *bulan muda* first week of the month. *bulan puasa* fasting month (9th month of the Islamic calendar year). *bulan tua* last week of the month. *bulan yang lalu* last month. *bulanan* monthly. *bulan-bulanan* target. *datang bulan* menstruation. *dua bulan* two months. *habis/hujung bulan* end of the month. *tiap bulan* every month.

pagi *pagi buta/hitam* very early in the morning. *pagi hari* in the morning. *pagi harinya* the following morning. *pagi ini* this morning. *pagi tadi* this (past) morning. *pagi-pagi* early in the morning. *hari masih pagi* it's still early. *sepagi mungkin* as early as possible. *terlampau pagi* too early.

malam *malam amal* charity night/show. *malam buta* pitchblack night. *malam gembira* merry evening. *malam hari* at night time. *Malam Hari Natal* Christmas Eve. *malam harinya* in the evening. *malam Jumat* Thursday evening. *malam kemarin* two nights ago. *malam Minggu/panjang* Saturday night. *malam pertama* first night. *Malam Sunyi/Kudus* Silent Night, i.e. Christmas night. *malam tirakatan* vigil. *kemalaman* over taken by night, too late. *semalam* last night; one night. *semalam suntuk* all night. *kemarin/tadi malam* the previous night. *Jumat malam* Friday evening. *pasar malam* night market.

tengah *tengah empat puluh* thirty-five. *tengah hari* noon. *tengah jalan* halfway. *tengah malam* midnight. *tengah jam* half an hour. *setengah* half. *setengah-setengah* half-hearted. *setengah baya* middle-aged. *setengah mati* half-dead; extreme. *setengah orang* some people. *setengah resmi* semi-official. *setengah sadar* half-conscious. *setengah tiga* half past two. *setengah tiang* half-pole. *matahari tengah naik* about 9.00 a.m. *matahari tengah turun* about 3.00 p.m. *orang tengah* middle man.

sekarang   *sekarang ini juga* this very moment. *dari sekarang* from now on. *Mari kita pergi sekarang* Let us go now.

kini   *kini nanti* now and then. *hingga kini* till now. *masa kini* now.

déwasa   *déwasa dulu* formerly. *déwasa ini* at the present time, nowadays. *déwasa itu* at that time, then.

musim   *musim barat* west monsoon. *musim dingin* cold season, winter. *musim gugur/rontok* (leaves) falling season, autumn. *musim haji* pilgrimage season. *musim hujan/rendeng* rainy season. *musim kering/kemarau* dry season. *musim panas* hot season, summer. *musim paceklik* period of shortage before harvest. *musim ramai* peak season. *musim semi/bunga* spring (flower season).

detik   *detik terakhir* the last moment. *sedetik* a second.

waktu   *waktu belajar* period of study. *waktu*

berangkat departure time. *waktu berarti uang/duit* time is money. *waktu dinas* length of service. *Waktu Indonesia Barat (WIB)* West Indonesian Time (Zone). *waktu itu* at that time. *waktu lalu/lampau* the past. *waktu luang* spare time. *waktu menjenguk/kunjungan* visiting hours (in hospital). *waktu penyerahan* time of delivery. *waktu sekolah* school time. *waktu tolok* standard time. *beberapa waktu* some time. *léwat waktu* expired. *sembarang waktu* any time. *sudah waktunya* it is time. *tepat pada waktunya* in time.

bésok *bésok lusa* tomorrow or day after tomorrow. *bésok malam* tomorrow night. *bésok pagi* tomorrow morning. *bésok siang* tomorrow afternoon. *bésok soré* tomorrow evening.

minggu *minggu depan/muka* next week. *minggu lalu* last week. *mingguan* weekly. *seminggu* per week. *akhir minggu* weekend. *hari Minggu/Ahad* Sunday. *dalam seminggu ini* in a week. *malam Minggu* Saturday night (night before Sunday). *hujung minggu* weekend.

tahun *tahun ajaran* academic year. *tahun anggaran* fiscal year. *tahun baru* new year. *tahun baru Hijriah/Islam* Islamic calendar new year. *tahun jagung* three or four months. *tahun kabisat* leap year. *tahun kamariah* lunar year. *Tahun Maséhi* Anno Domini. *tahun pelajaran/pengajaran* school year. *tahun sinar* light year. *tahun* *takwim* calendar year. *tahunan* annual. *bertahun-tahun* for years. *hari ulang tahun* anniversary.

kemarin *kemarin dulu* day before yesterday. *kemarin malam* last night. *Dia bukan anak kemarin* He was not born yesterday. *minggu kemarin* last week. *pagi kemarin/kemarin pagi* yesterday morning. *tahun kemarin* last year.

20. ADVERBS OF DEGREE/INTENSIFIERS

almost	*hampir, nyaris*
certainly	*tentu, pasti, niscaya*
enough	*cukup*
ever	*pernah*
exactly	*tepat, persis*
far	*jauh*
full	*penuh*
just	*baru*
less	*kurang*
little	*sedikit*
more	*lebih*
most	*paling*
much	*banyak*
perhaps	*mungkin, barangkali*
quite	*agak*
really	*betul, sungguh*
seldom	*jarang*
so	*begini, begitu, demikian*
still	*masih*
too	*terlalu, terlampau; juga*
very	*sangat, amat; sekali; benar*
well	*baik*

hampir	*hampir saja* nearly. *hampir sama* almost the same. *hampir terlambat* nearly late. *hampir-hampir* very nearly. *Kapal itu hampir tenggalam* The ship almost sank.
nyaris	*nyaris ketinggalan* almost left behind. *nyaris mati* almost died.
tentu	*tentu menang* sure to win. *tentu saja* certainly. *tentukan* determine. *tentunya* certainly. *sudah barang tentu* certainly. *tak tentu arah* no fixed direction. *tidak tentu* uncertain.
pasti	*kepastian* certainty. *belum pasti* not certain. *jawaban yang pasti* a definite answer.
cukup	*cukup mutu* good enough. *cukup ramai* quite busy/crowded. *cukup saja* just average. *cukup umur* reach adulthood. *cukup untuk hari ini* enough for today. *uangnya cukup* he has enough money.
pernah	*belum pernah* never. *Ia pernah tinggal di Jakarta* He once lived in Jakarta. *tidak pernah* never.
tepat	*tepat seperti kata Anda* just like what you said. *tepat waktu* punctual. *tepatnya* exactly. *perhitungan itu tepat* the calculation is correct. *pukul delapan tepat* exactly eight o'clock. *Rumahnya tepat di muka apoték* His house is right in front of the pharmacy.
persis	*sekarang persis pukul lima* now is exactly

five o'clock. *saya tahu persis* I know exacly.

jauh *jauh berkurang* much decreased. *jauh dari* far from. *jauh kolot* very conservative. *jauh lebih baik* far better. *jauh malam* far into the night. *jauh terbesar* by far the biggest. *jauh umur* advanced in age. *sejauh* so far. *sejauh ini* so far. *sejauh manakah?* to what extent? *tak jauh béda dengan* not very different from.

penuh *penuh dengan* abound with. *penuh sesak* crammed. *sepenuhnya* fully. *dengan sepenuh hati* whole-heartedly. *Gajinya sudah dibayar penuh* His salary has been paid in full. *Hotel itu sudah penuh* The hotel is full. *sehari penuh* the whole day.

baru *baru beberapa bulan* just a few months. *baru kemarin* just yesterday. *baru mau makan* just going to eat. *baru saja datang* just arrived. *baru terima* just received. *baru-baru ini* recently. *barusan* just now. *Dia baru saja pergi* He has just gone.

kurang *kurang ajar/asem/asin* rude. *kurang ingat* not quite remember. *kurang fikir* thoughtless. *kurang garam* not enough salt; inexperienced. *kurang jelas* not clear. *kurang keras* is not loud enough. *kurang lancar* not fluent. *kurang lebih* more or less. *kurang makan/minum* not enough to eat/drink. *kurang mengerti* not quite understand. *kurang periksa* not known. *kurang senang* not happy. *kurang tidur* not enough sleep.

kurangkan lessen. *apa kurangnya?* what is wrong with it? *paling kurang/sekurang-kurangnya* at least. *tidak kurang* not lacking anything.

sedikit *sedikit banyak* more or less. *sedikit demi sedikit* little by little. *sedikit hari lagi* in a short time/in a few days. *sedikit lagi* a little more. *sedikit pun tidak* not at all. *bicara sedikit* talk a bit. *bukan sedikit* not a little. *bukan/tidak sedikit jumlahnya* the number is not small. *paling sedikit/sedikitnya* at least. *terlalu besar sedikit* a little, somewhat too big. *sangat sedikit* very little. *tahu sedikit* know a little.

lebih *lebih baik* better. *lebih besar* bigger. *lebih dahulu* prior to. *lebih dari* more than. *lebih lagi* more so. *lebih lama lebih baik* the longer the better. *lebih pandai* cleverer. *lebih senang* happier. *lebihnya/kelebihan* plus point. *selebihnya* rest, remainder. *selebih-lebihnya* at most. *dia lebih kaya* he is richer. *setahun lebih* more than a year.

paling *paling baik* the best. *paling banter* at most. *paling banyak* the most. *paling kanan/kiri* far right/left. *paling kecil* smallest. *paling mahal* most expensive. *paling muka* foremost. *paling sedikit* at the least. *paling sial* most unfortunate. *paling tidak* at least. *paling-paling* at the most.

banyak *banyak kali* many times. *banyak orang* many people. *sebanyaknya* at most. *Dia* *banyak minum bir* He drinks a lot of beer. *Ia banyak membeli buku* He bought many books. *Ia banyak menangis* He cries much/a lot. *Terima kasih banyak* Thank you very much.

mungkin
mungkin dia sakit perhaps he is sick. *mungkin sekali/sangat mungkin* very possible. *kemungkinan* possibility. *bukan tak mungkin* not impossible. *itu mungkin* that is possible. *selekas mungkin* as quickly as possible. *tak mungkin* impossible.

barangkali
barangkali dia tahu? perhaps he knows?

agak
agak anéh rather strange. *agak jauh* quite far. *agak takut* rather afraid. *agaknya* probably. *beragak-agak* intend. *tidak beragak-agak* without hesitation.

betul
Betul, dia kawan saya That's right, he is my friend. *betul-betul* truly. *sebetulnya* actually. *kebetulan* coincidentally. *ada betulnya* there is truth in it. *besar betul* really big. *bodoh betul* really stupid. *sembuh betul* completely recovered. *sombong betul* really arrogant.

sungguh
sungguh hati earnest. *sungguh lama* extremely long (time). *sungguh mahal* really expensive. *Sungguh mati saya tidak kenal dengan orang itu* Really I don't know that man. *sungguh-sungguh* seriously. *sesungguhnya* actually, in fact.

jarang	*jarang terjadi* rarely happened. *jarang-jarang* rarely. *Dia jarang datang ke mari* He seldom comes here. *rambutnya jarang* his hair is scarce. *tidak jarang* not infrequently.
begini	*begini besar* so big. *begini ceritanya* so goes the story. *begini hari* so early. *begini ini* like this. *Begini, Pak* ... Well, Sir .... *jadi beginian* become like this.
begitu	*Begitu dia datang, kami berangkat* As soon as he arrives, we depart. *begitu juga* even so. *begitu mahal* so expensive. *begitu saja* just like that. *begitulah* so it is. *sebegitu banyaknya* as many as that. *Ia begitu baik kepada saya* He is so good towards me. *Kok bisa begitu?* How can it be like that? *memang begitu* it is really like that. *tidak begitu?* not so?
demikian	*demikian lama* so long. *tak demikian mudah* not so easy. *demikian adanya* so is the case. *demikian katanya* so he said. *dengan demikian* thus. *demikian juga* likewise.
masih	*masih belum* still not. *masih juga* still. *masih saja* still. *Paméran itu masih berlangsung* The exhibition is still on.
terlalu	*terlalu besar* too big. *terlalu mahal* too expansive.
terlampau	*terlampau jauh* too far. *Harganya terlampau tinggi* The price is too high.

juga	*apapun juga* ... no matter what .... *bagaimanapun juga* ... no matter how .... *siapapun juga* ... no matter who .... *sekarang juga* right at this moment.
sangat	*sangat penting* very important. *amat sangat* extremely. *dengan sangat* seriously. *Rumahnya sangat jauh* His house is very far.
amat	*amat mahal* very expensive. *teramat kaya* very rich.
sekali	*sekali-kali* never. *sekali-sekali* now and then. *bagus sekali* very good. *cantik sekali* very beautiful.
benar	*benar-benar* seriously. *sebenarnya* actually. *pagi benar* very early. *jawapannya benar* his answers are right.
baik	*baik kita tunggu* it would be better that we wait. *baik, tuan* yes, sir. *baik-baik di jalan* be careful on the road. *baiklah* all right. *sebaiknya* better, preferable. *sebaik-baiknya* the best one can. *belajarlah baik-baik* study seriously. *Saya tidak bisa melihat dengan baik* I cannot see clearly.

21. NATURAL FEATURES

air	*udara, hawa*
bay, gulf	*teluk*
beach	*pantai*
climate	*iklim*
cloud	*awan, méga*
coast	*pesisir*
continent	*benua*
earth	*bumi, tanah*
estuary	*hilir, muara, kuala*
field	*padang*
flood	*banjir*
fog	*kabut*
forest	*hutan, rimba*
harbour	*pelabuhan*
hill	*bukit*
island	*pulau*
lake	*danau, telaga, tasik, situ*
land	*darat*
moon	*bulan*
mountain	*gunung*
plain	*dataran*
rain	*hujan*
river	*sungai, kali, bengawan*
sea	*laut, samudra*
sky	*langit*
star	*bintang*
stone	*batu*
straits	*selat*

sun	*matahari, surya, syamsu*
valley	*lembah*
weather	*cuaca*
wind	*angin, bayu*
world	*dunia, alam, buana*

udara — *udara dingin* cold air. *udara panas* hot air. *udara segar* fresh air. *hubungan udara* air link. *ilmu udara* meteorology. *pelabuhan udara* airport. *perjanjian udara* air treaty. *pesawat udara* airplane. *pos udara* air mail. *tukar udara* ventilation.

hawa — *hawa daba* odour. *hawa darat* continental weather. *hawa dingin* cold weather. *hawa laut* maritime weather. *hawa panas* hot weather. *hawa sejuk/segar* cold/fresh air.

teluk — *teluk rantau* bay and shoreline, i.e. surrounding area.

pantai — *Pantai Émas* Gold Coast. *lepas pantai* off shore. *menyusuri pantai* go along the coast.

iklim — *iklim dingin* cold climate. *iklim panas* tropical climate. *iklim sedang* temperate climate.

awan — *awan berarak* moving clouds. *awan hitam* dark cloud. *awan kemawan* cumulus. *awan mendung* rain cloud. *berawan* cloudy.

méga — *méga mendung* rain cloud.

pesisir *orang pesisir* coastal people. *pantai pesisir Jawa* Java's coastal area.

benua *benua Cina* China (country). *benua Hitam/Afrika* African continent. *benua kecil* sub-continent.

bumi *bumi hangus* scorched earth. *bumi putra* son of the earth, i.e. native (of a country). *bagai bumi dengan langit* (Prov.) as different as earth and heaven. *gempa bumi* earthquake. *pajak bumi* land tax.

tanah *tanah air* birthplace. *tanah datar* flat land. *tanah dingin* cold land, i.e. Europe. *tanah genting* isthmus. *tanah hidup* cultivated land. *tanah kering* dry land. *tanah kosong* uncultivated land. *tanah kuburan* graveyard. *tanah kuripan* private land. *tanah lapang* open field. *tanah leluhur* (Prov.) land of one's ancestors. *tanah longsor* soil erosion. *tanah mati* wasteland. *tanah milik* privately-owned land. *tanah partikelir* private land. *tanah pusaka* inherited land. *tanah rata* level ground. *tanah raya* continent. *tanah suci* holy land. *tanah tumpah darah* birthplace. *tanah wakaf* (Isl.) land donated for religious/community use.

hilir *hilir mudik* downstream and upstream, i.e. back and forth. *hilir sungai* river mouth. *sehilir semudik* be of same aims. *tak tentu hilir mudiknya* uncertain whether to go upstream or downstream.

padang	*padang belantara/gurun* desert. *padang golf* golf course. *padang lumut* tundra. *padang mahsyar* (Isl.) gathering place on the day of ressurection. *padang pasir/tandus* desert. *padang peternakan* ranch. *padang rumput* grass land, meadow.
banjir	*banjir bandang* flash floods. *banjir besar* big flood. *banjir kiriman* flash flood. *sungai banjir* the river overflowed.
kabut	*kabut asap* smog. *kabut basah* humid fog. *kabut malam* evening mist. *kabut minyak* oil spray. *kabut tebal* thick fog.
hutan	*hutan belantara/belukar* dense forest. *hutan larangan* forest preserve. *hutan lepas* extensive jungle. *hutan lindung* protected forest. *hutan perawan* virgin forest. *hutan rimba* extensive jungle. *hutan suaka* forest preserve.
(pe)labuh(an)	*pelabuhan alam* natural harbour. *pelabuhan bébas* free port. *pelabuhan pantai* coastal port. *pelabuhan pembongkaran* port of loading. *pelabuhan punggah* port of shipment. *pelabuhan samudera* ocean port. *pelabuhan tujuan* port of destination. *pelabuhan udara* airport. *Kapal itu sudah berlabuh* The ship anchored.
bukit	*bukit-bukau* wilderness. *bukit pasir* (sand)dune. *perbukitan* range of hills.
pulau	*Pulau Déwata/Kayangan* the island of the

Gods, i.e. Bali. *pulau karang* atoll.

danau — *danau kawah* crater (of a volcano). *Danau Toba* Lake Toba (in Sumatra).

darat — *darat daru* highland. *darat pokok* mainland. *angin darat* wind from the land. *Angkatan Darat* The Army. *jalan darat* overland. *mendarat* to land.

bulan — *bulan bintang* crescent moon and star; the symbol of Islam. *bulan gelap* night without moon. *bulan madu* honeymoon. *bulan muda* new moon. *bulan purnama* full moon. *bulan sabit* crescent (moon). *bulan timbul* waxing moon. *bagai bulan kesiangan* very pale and tired. *terang bulan* full moon.

gunung — *gunung berapi* volcano. *gunung-ganang/gemunung* various mountains, ranges of mountains. *pegunungan* mountains.

datar(an) — *dataran rendah* lowland. *dataran tinggi* highland.

hujan — *hujan batu/beku* hail. *hujan lalu* slight rain. *hujan lebat/deras* downpoor. *hujan panas* rain while sun shines. *hujan peluru* hail of bullets. *hujan rintik-rintik/renyai/gerimis* drizzling. *hujan turun* the rain falls. *musim hujan* rainy season.

sungai — *sungai deras* swift stream. *sungai mati* dry river. *hilir sungai* dowstream of the river. *hulu sungai* upstream of the river. *(pergi) ke sungai* defecate. *muara sungai* estuary.

bengawan *Bengawan Solo* Solo River.

laut *laut api* sea of fire. *lalut bébas* free sea. *Laut Kidul* Indian Ocean (south of central Java). *Laut Kulzum* Red Sea. *laut lepas* open sea. *barat laut* northwest. *di laut dan di darat* at sea or on land. *orang laut* the people of the sea, sea nomad. *timur laut* northeast.

samudra *Samudra Indonésia* Indian Ocean. *rapat samudera* mass meeting.

langit *langit biru* blue sky. *langit-langit* ceiling. *selangit* sky-high. *kaki langit* horizon. *kolong langit* in this world.

bintang *bintang berasap/berbuntut/berékor* comet. *bintang berédar* planets. *bintang gugur* falling star. *bintang jasa* sevice medal. *bintang kehormatan* honorary decoration. *bintang layar putih* film star. *bintang sandiwara* stage star. *bintang tamu* guest star. *Bintang timur* morning star, Venus. *Bintang utara* North Star. *bintangnya naik* his star is rising.

batu *batu air* pebble. *batu api* fire stones. *batu apung* pumice. *batu arang/bara* coal. *batu berani* magnet. *batu bersurat/bertulis* inscribed stone. *batu besi* granite. *batu canai* whetstone. *batu catur* chessman. *batu cincin* semi-precious stone. *batu dacing/timbangan* weights. *batu dasar* foundation stone. *batu geliga/guliga* bezoar. *batu giling* millstone. *batu ginjal* kidney stone. *batu giok* jade. *batu hampar* flagstone. *batu hidup* magic stone. *batu jam* watch's jewel. *batu karang* coral reef. *batu kepala* skull. *batu kerikil* gravel. *batu kisaran* grindstone. *batu loncatan* stepping stone. *batu melintang* obstacle. *batu pasir* sandstone. *batu penjuru/pertama/sendi* cornerstone. *batu sénter* flashlight battery. *batu tahu* gypsum. *batu téker* flint. *batu témplék* broken stones. *batu tepi* curb stones. *batu tulis* slate for writing. *batu ubin* tile. *batu ujian* touchstone. *batu ular* snakestone.

selat   *Selat Melaka* Malacca Straits. *Selat Sunda* Sunda Straits. *selatan* south.

matahari   *matahari beralih* about 5.00 p.m. *matahari berayun* approximately 4.00 p.m. *matahari hidup* the east. *matahari masuk* sunset. *matahari mati* the west. *matahari tenggelam/terbenam* sunset. *matahari terbit/naik* sunrise. *cahaya matahari* sunlight.

lembah   *lembah kehidupan* valley of life, i.e. existence. *lembah kemiskinan* valley of poverty. *lembah sungai* river valley.

cuaca   *cuaca baik* fine weather. *cuaca buruk* bad weather. *ilmu cuaca* meteorology. *perkiraan cuaca* weather forecast. *terang cuaca* clear weather/day.

angin   *angin badai* storm. *angin baik* good wind,

i.e. fine opportunity. *angin barat* west wind. *angin beralih* shifting wind. *angin buritan* wind blowing from the back. *angin busuk* fart. *angin darat/gunung* landward wind. *angin duduk* (Med.) a chronic cold. *angin ékor duyung* wind coming from various directions. *angin gila* shifting wind. *angin haluan* adverse wind. *angin kencang* strong wind. *angin laut* sea wind. *angin lesus* whirlwind. *angin mati* 'dead' wind, no wind at all. *angin paksa* good wind for sailing. *angin pancaroba* changing wind. *angin pasat* trade wind. *angin ribut/topan* typhoon. *angin sakal* adverse wind. *angin salah* unfavourable wind. *angin semilir/silir/sepoi-sepoi* soft breeze. *angin sendalu* moderate wind. *angin timur* east wind. *kabar angin* rumours. *makan angin* to take a stroll. *negeri atas angin* countries above the wind (namely India, Iran and Saudi Arabia). *negeri bawah angin* countries below the wind, i.e. Southeast Asia.

dunia *dunia akhirat* the world hereafter. *dunia alam* life in this world. *dunia barat* western world. *dunia baru* new world. *dunia hitam* underworld. *dunia ketiga* the third world. *dunia luar* outside world. *dunia merdéka* the free world. *dunia olahraga* world of sports. *dunia pendidikan* world of education. *dunia perdagangan* world of commerce. *dunia usaha* business world. *kejuaraan dunia* world champion.

alam *alam arwah* world of spirits. *alam baka*

eternity. *alam barzakh* world between death and day of judgement. *alam dongéng* the world of fables. *alam dunia* the world. *alam fikiran* way of thinking. *alam héwan/ haiwan* the animal world. *alam kabir* macrocosm. *alam kanak-kanak* children's world. *alam nabatah* plant kingdom. *alam raya* cosmos. *alam sagir* micrcosom. *alam sekeliling* the surrounding world. *alam semesta* the whole world. *bencana alam* natural disaster.

22. ADJECTIVES (II): GENERAL

annoyed	*jéngkél*
bad	*buruk, jelék*
broad	*luas*
calm	*tenang*
clear	*jelas*
cold	*dingin, sejuk*
difficult	*sulit, susah, sukar*
disappointed	*kecéwa, kecelé*
dull	*tumpul*
easy	*mudah, gampang*
false	*palsu, gadungan*
firm	*tegas*
free	*bébas*
good	*baik*
healthy	*séhat*
intelligent	*cerdas, cerdik*
neat	*rapi, nécis, kemas*
noisy	*bising, ramai, berisik*
patient	*sabar*
prosperous	*makmur*
quiet	*diam*
safe	*aman*
sharp	*tajam*
simple	*sederhana*
slippery	*licin*
stiff	*kaku*
strong	*kuat*
suitable	*layak*

tame	*jinak*
tense	*tegang*
thick	*tebal*
thin	*tipis*
tired	*penat, letih, capék, lelah*
weak	*lemah*

jéngkél — *jéngkél* annoyed. *jéngkél mendengar* annoyed to hear. *Dia jéngkélkan ibunya* He made his mother annoyed. *merasa jéngkél* feel annoyed.

buruk — *buruk* bad. *buruk mulut* crude (in speech). *buruk perut* eat a lot. *buruk sangka* misunderstand. *buruk siku* do not appreciate others' kindness. *apa buruknya?* what is wrong with it? *burukkan nama orang* to defame someone. *baik buruknya* the consequences. *cuaca buruk* bad weather. *tak ada buruknya* there is nothing wrong.

jelék — *jelék* ugly. *kertas jelék* poor-quality paper. *nama jelék* a bad name. *nasib jelék* bad luck.

luas — *luas* broad. *luaskan pengaruh* to spread influence. *luasnya* width. *masyarakat luas* society at large. *pengetahuan yang luas* wide knowledge.

tenang — *tenang* calm. *tenangkan hati* to calm the mind. *hatinya tenang* his heart is calm. *laut tenang* the sea is calm.

jelas	*jelas* clear. *jelaskan* clarify. *jelasnya* evidently. *keterangan jelas* clear explanation. *sudah jelas* it is clear.
dingin	*dingin* cold. *dingin hati* indifferent. *dingin kepala* cool-headed. *dingin tangan* cold hand, i.e. successful. *dinginkan* to make cold. *pendingin* air-conditioner; cooler. *Badannya panas dingin* He has temperatures.
sejuk	*sejuk* cool. *sejuk hati* contended. *sejukkan badan* cool down the body. *minuman sejuk* cold drinks.
sulit	*sulit* difficult. *keadaan sulit* difficult situation. *masalah sulit* difficult problems. *soal sulit* difficult problem. *kesulitan air* water shortage. *kesulitan uang* shortage of money. *menyulitkan* to make difficult.
susah	*susah* difficult. *susah hati* sad. *susah memenuhi permintaan ini* it is difficult to fulfil the request. *susah payah* great difficulty. *hidupnya susah* his life is difficult. *pekerjaan susah* difficult job.
sukar	*sukar mencari pekerjaan* it is difficult to look for job. *hitungan sukar* difficult calculation.
kecéwa	*kecéwa* disappointed. *Dia kecéwakan ibunya* He disappointed his mother. *Dia merasa kecéwa* He was disappointed. *sangat mengecéwakan* very dissapointing.

kecelé	*kecéle* disappointed. *kecelé bulé* completely fooled.
tumpul	*tumpul* dull. *fikiran tumpul* stupid, fool. *pisau tumpul* a blunt knife.
mudah	*mudah* easy. *mudah bergaul* easy to get along with. *mudah meledak/meletup* easy to explode. *mudah patah* easy to break. *mudah pecah* easy to break. *kemudahan* facilities. *mudahkan* facilitate. *bukan mudah* it is not easy. *soal mudah* an easy question. *untuk mudahnya* for convenience's sake.
gampang	*gampang* easy. *gampang marah* easy to get angry. *gampangkan* facilitate. *berbicara gampang* it's easy to talk. *cari gampang saja* take the easy way out. *persoalan gampang* an easy problem.
palsu	*palsu* false. *palsukan* falsify. *palsukan tanda tangan* falsify signature. *ijazah palsu* counterfeit diploma. *uang palsu* fake money.
gadungan	*gadungan* fake. *intan gadungan* fake diamond. *patriot gadungan* bogus patriot.
tegas	*tegas* firm. *tegas bergas* straight to the point. *tegas ringkas* brief but clear. *tegaskan* explain. *jawaban tegas* a firm answer. *sikap tegas* firm attitude. *tindakan tegas* firm action.

bébas *bébas* free. *bébas dari tugas* relieved from duty. *bébas mengemukakan pendapat* free to put forward opinion. *bébaskan* set free. *kebébasan* freedom. *kebébasan bicara* freedom of speech. *kebébasan pérs* newspaper freedom. *kebébasan pribadi* personal freedom. *terbang bébas* fly freely.

baik *baik* good. *baik buruknya* the good and bad aspect of things. *baik hati* kind-hearted. *baik niat* in good faith. *baiklah* all right. *ada baiknya* it is better. *dengan baik* well.

séhat *séhat* healthy. *séhat akal* sound of mind. *séhat badan* sound of body. *séhat bugar/walafiat* hale and hearty. *séhatkan badan* make the body healthy. *keséhatan* health. *ekonomi séhat* a healthy economy. *makanan séhat* health food.

cerdas *cerdas* intelligent. *cerdas berdagang* shrewed in business. *cerdas cermat/tangkas* quiz contest. *kecerdasan* intelligence. *gadis cerdas* an intelligent girl.

cerdik *cerdik* clever. *cerdik buruk* cunning. *cerdik pandai/cendekia* the educated.

rapi *rapi* tidy. *rapikan kamar* to tidy up the room. *berpakaian rapi* dress neatly. *dengan rapi* neatly. *rambutnya rapi* his hair is neat.

bising *bising* noisy. *bunyi bising* noisy sound. *bunyi itu bisingkan telinga* the noise is deafening. *jangan bising* don't make any noise.

ramai	*ramai* crowd. *khalayak/orang ramai* the public. *Pasar itu ramai* The market was crowded. *Perjamuan/Pésta itu ramai sekali* The party was lively. *Suara tembakan ramai* The sound of shooting was noisy.
sabar	*sabar* patient. *sabar menunggu* wait patiently. *sabarlah* be patient. *Cobalah sabarkan hati orang itu* Please calm the man down. *dengan sabar* patiently. *tahan sabar* calm. *tidak sabar* impatient.
makmur	*makmur* prosperous. *makmurkan kaum tani* enrich the farmers. *kemakmuran* prosperity. *daérah makmur* a rich area. *masyarakat makmur* a rich society.
diam	*diam* be quiet; reside. *diam ubi berisi* (Prov.) still water runs deep. *diam seribu bahasa* (Prov.) absolutely quiet. *berdiam* say nothing. *(secara) diam-diam* quietly. *kediaman* residence.
aman	*aman* safe. *aman sentosa* peaceful and tranquil. *amankan* place in custody. *merasa aman* feel safe. *tempat aman* a safe place.
tajam	*tajam* sharp. *tajam fikiran* sharp thinking. *tajam mata* sharp eyes. *tajam mulut* sharp-tongued. *tajam otak/fikiran* intelligent. *tajam perasaan* sensitive. *tajamkan pisau* sharpen the knife. *pisau tajam* a sharp knife. *sudut tajam* a sharp corner.
sederhana	*sederhana* simple. *sederhanakan peraturan*

	simplify the rules. *harganya sederhana* the price is reasonable. *tubuhnya sederhana* the body is of ordinary build.
licin	*licin* slippery. *licin belut/lecat/licau* very slippery. *licin lindap/tandas* gone completely. *licin seperti ular* slippery as a snake. *dengan licin* smoothly. *jalan licin* slippery road.
kaku	*kuat* strong. *kaku* stiff. *kaku beku* stiffened. *kaku lidah* a stiff tongue, i.e. unable to speak easily. *bahasa kaku* stiff language. *tingkah lakunya kaku* his behaviour is stiff. *tubuhnya kaku* his body has become stiffened.
kuat	*kuat* strong. *kuat makan* eat a lot. *kekuatan* strength, force. *kekuatan batin* inner force. *menguatkan badan* strengthen the body. *penguat suara* loudspeaker. *angin kuat* strong wind. *kemauan yang kuat* a strong will. *lembu kuat* a strong cow. *obat kuat* tonic. *penjagaan yang kuat* tight control/watch. *sepatu kuat* strong shoes.
layak	*layak* proper. *layak dengan* worthy of. *layak pakai* suitable (to use). *layak krédit* creditable. *layak laut* seaworthy. *layak udara* airworthy. *layaknya* as if. *selayaknya* like. *wanita yang layak* a suitable woman.
jinak	*jinak* tame. *jinakkan binatang buas* tame wild animals. *binatang jinak* tame animals.

tegang	*tegang* tense. *tegangkan hubungan* make the relationship tense. *ketegangan jiwa* mental stress. *ketegangan mata* eye strain. *hubungan tegang* a tense relationship. *rambut tegang* stiff hair. *suasana tegang* a tense atmosphere. *talinya tegang* the rope is tight.
tebal	*tebal* thick. *tebal bibir* thick lip, i.e. taciturn. *tebal hati* hick heart, i.e. cruel. *tebal kantung* thick pocket, i.e. rich. *tebal lidah* thick tongue, i.e. stiff tongue. *tebal muka* thick face, i.e. shameless. *tebal semangat* enthusiastic. *tebal telinga* stubborn. *tebalkan keyakinan* enforce the beliefs. *buku tebal* a thick book. *mantel tebal* a heavy overcoat. *kabut tebal* dense fog. *rambut tebal* dense hair.
tipis	*tipis* thin. *tipis harapan* slight hope. *tipis iman* weak in faith. *tipiskan harapan* reduce hope. *kantung tipis* poor. *kertas tipis* thin papers. *keuntungan tipis* slight profit. *telinga tipis* quick-tempered. *Persediaan pangan tipis* The food supply has run low.
penat	*penat* tired. *penat lelah* worn out. *penatkan badan* tire the body. *badan penat* a tired body. *membuat/melepaskan penat* to take a break. *kepenatan otot* muscle fatigue.
letih	*letih* tired. *letih lelah/lesu* completely exhausted.
capék	*capék lelah* thoroughly exhausted.

lelah *lelah jerih* very tired.

lemah *lemah* weak. *lemah gemulai* graceful (movement). *lemah hati* weak-hearted, i.e. easily influenced by people. *lemah lembut* gentle. *lemah lunglai/langlai* weak and helpless. *lemah perasaan* faint-hearted. *lemah persendian* weak bodily. *lemah saraf* slightly mad. *lemah semangat* weak in spirit. *lemah syahwat* impotent. *lemahkan spirit* to weaken the spirit. *badannya lemah* his body is weak.

23. ANIMALS AND INSECTS

animal	*binatang*
ant	*semut*
ass	*keledai*
bear	*beruang*
bee	*lebah, kumbang, tabuhan, tawon*
bird	*burung*
bug	*kutu*
butterfly	*kupu-kupu, rama-rama*
cat	*kucing*
caterpillar	*ulat*
centipede	*lipan*
civet	*musang*
cockroach	*lipas, kaco*
cow	*lembu, sapi*
crocodile	*buaya*
dog	*anjing*
elephant	*gajah*
firefly	*kunang-kunang*
fly	*lalat*
frog	*katak, kodok*
grasshopper	*belalang*
horse	*kuda*
insect	*serangga*
lion	*singa*
lizard	*cicak*
monkey	*kera, monyét, beruk*
mosquito	*nyamuk*

mouse	*tikus*
mousedeer	*kancil, pelanduk*
pigeon	*merpati*
rabbit	*kelinci*
rhinoceros	*badak*
scorpion	*kala jengking*
sheep	*domba*
snail	*siput, keong*
snake	*ular*
spider	*labah-labah*
termite	*rayap*
tiger	*harimau, macan*
turtle	*kura-kura, penyu*
worm	*cacing*
wolf	*serigala*

binatang — *binatang buas/liar* wild animal. *binatang buruan* game. *binatang bertulang belakang/punggung* vertibrate. *binatang melata* reptile. *binatang piaraan* domesticated animal. *binatang ternak* livestock.

semut — *semut gatal* small red ant with a toxic bite. *semut kerengga* red ant. *semutan* like being bitten by ants, i.e. numb. *ada gula adalah semut* (Prov.) where there is sugar, there are ants. *Kaki saya semutan* My foot's gone to sleep. *mati semut karena gula* (Prov.) ants die because of sugar, i.e. man is destroyed by greed. *sarang semut* ant hill.

beruang — *beruangan* teddy bear.

lebah	*lebah laut* kind of jelly fish. *lebah lilin* kind of small bee. *lebah madu* honey bee. *lebah pekerja* worker bee. *lebah ratu* queen (of bees). *air lebah* honey.
kumbang	*kumbang nyiur* coconut bees. *kumbang tidak seekor* (Prov.) there is more than one bee (=man) in the world. *harimau kumbang* black panther. *seperti kumbang dengan bunga* (Prov.) like bees attached to flowers, i.e. attracted to each other (of men and women).
burung	*burung bangau* egret. *burung dara* pigeon. *burung déwata/cendrawasih* bird of paradise. *burung gagak* crow. *burung geréja* sparrow. *burung hantu* owl. *burung kutilang* bulbul. *burung manyar* weaver-bird. *burung merpati* pigeon. *burung nasar* vulture. *burung nilam* golden oriole. *burung nuri* parrot. *burung océhan* talking bird. *burung parakit* parakeet. *burung tiung* mynah. *sarang burung* bird's nest.
kutu	*kutu air* mycosis. *kutu anjing* dog flea. *kutu buku* bookworm. *kutu busuk* bedbug. *kutu daun* aphids. *kutu loncat* jumping bug. *sudah mati kutunya* helpless, desperate.
kupu-kupu	*kupu-kupu* butterfly. *kupu-kupu malam* prostitute.
kucing	*kucing belanda* rabbit. *kucing hutan* leopard cat. *kucing jalang* wild cat. *kucing negeri* house cat. *kucing pekak/tuli* mousetrap.

	kucing tua old cat/hand. *malu-malu kucing* shy like a cat i.e. coy. *mata kucing* faded eyes. *seperti kucing dibawakan lidi* afraid.
ulat	*ulat serangga* insects. *ulat sutera* silkworm.
lipan	*lipan bara* red centipede (very poisonous).
musang	*musang air* otter. *musang akar* a small, spotted civet. *musang berbulu ayam* (Prov.) wolf in sheep's clothing. *musang kesturi/jebat* musk.
lipas	*seperti lipas kudung* always moving (of hands).
lembu	*lembu belang* spotted cow. *lembu dogol/dongkol* a bull without horn, i.e. a fearsome but harmless fellow. *lembu hutan* wild bull. *lembu kasi/kebiri* ox. *lembu laut* walrus. *lembu perahan* dairy cow.
sapi	*sapi anakan/gadis* heifer. *sapi bantai/potong/pedaging* beef cattle. *sapi bibit/pamacak* stud. *sapi hutan* wild buffalo. *sapi kereman* fattened cow. *sapi perahan* milk cow.
buaya	*buaya darat* thief, scoundrel; woman-chaser. *buaya pasar* pickpocket. *buaya uang* money grabber/usurer. *adakah buaya menolak bangkai?* (Prov.) will a crocodile reject a carcass?, chances will not be missed.
anjing	*anjing air* otter. *anjing arau/belan/tutul*

spotted dogs. *anjing buru/pemburu* hunting dog. *anjing geladak* wild dog. *anjing gila* mad dog; rabies. *anjing hutan* jackal. *anjing jaga/penjaga* watch dog. *anjing kampung* mongrel, cur. *anjing laut* seal. *anjing pelacak* sleuth dog. *anjing pengawal* guard dog. *anjing penjaga* watch dog. *anjing perempuan* bitch. *anjing tanah* mole cricket. *anjing trah* pedigree dog.

gajah *gajah lalang* tame elephant. *gajah menyusu* shed connected to the house. *gajah mina* whale. *gajah tunggal* solitary elephant.

kunang-kunang *kunang-kunang* firefly. *Matanya berkunang-kunang* His eyes sparkle like fireflies.

lalat *lalat hijau* bluebottle. *lalat kerbau/kuda* horsefly. *lalat mencari puru* like a fly looking for an ulcer, i.e. very greedy. *berani lalat* false courage. *tahi lalat* mole.

katak *katak betung* toad. *katak ditimpa kemarau* (Prov.) a frog under dry season, i.e. making a lot of noise. *katak hendak jadi lembu* (Prov.) a frog aspires to be a cow, i.e. arrogant. *seperti katak di bawah tempurung* (Prov.) like a frog in a coconut shell, i.e. an ill-informed person; shallow-minded. *baju katak* waitcoat.

kodok *kodok goréng* fried frogs. *kodok hijau* green frogs from ricefield. *kodok puru* toad. *berenang kodok* breast stroke (swimming). *mati kodok* die in vain.

belalang   *belalang centadu/kacung/sentadu* praying mantis. *belalang kerit-kerit* cricket. *buta belalang* blindstar. *lain ladang lain belalang* every country has it's own customs and rule. *tenung-tenung pak belalang* grasshopers' horoscope prediction, based on guessing but rather accurate.

kuda   *kuda beban* pack horse. *kuda belang/loréng* zebra. *kuda betina* mare. *kuda bibit* broodmare. *kuda daya/kekuatan* horse power. *kuda hitam* dark horse, unexpected winner. *kuda kepang/lumping* hobby-horse, a kind of folk dance. *kuda laut* sea horse. *kuda lomba/pacu(an)* racehorse. *kuda semberani/sembrani* winged horse. *komidi kuda* circus. *naik kuda hijau* riding a green horse, i.e. drunk. *pasang kuda-kuda* get ready.

serangga   *serangga perosak* harmful insect.

singa   *singa laut* walrus/dolphin. *singa meraung* the lion roars.

cicak   *cicak terbang* flying lizard.

kera   *kera jadi monyét* (Prov.) just the same. *seperti kera kena belacan* (Prov.) like a monkey struck by shrimp paste, i.e. restless. *kera dapat bunga* (Prov.) like a monkey acquires flower, i.e. unable to appreciate things.

monyét   *baju monyét* overalls. *cinta monyét* puppy love. *pintu monyét* folding doors.

beruk   *beruk mentawai* kind of macaque. *berhakim kepada beruk* to ask justice from a greedy person and suffer because of it.

nyamuk   *nyamuk gajah* big mosquito. *nyamuk harimau/loréng* striped mosquito. *nyamuk malaria/serampang* malaria-carrying mosquito. *nyamuk pérs* newspaper reporter.

tikus   *tikus kesturi* musk shrew. *tikus rumah* house mouse. *tikus tanah* field mouse. *tuba tikus* arsenic.

kancil   *akal kancil* cunning. *seperti pelanduk/kancil di cerang rimba* (Prov.) like a mousedeer in a forest without tree, i.e. a fish out of water.

merpati   *merpati pos* carrier pigeon. *jinak-jinak merpati* tame as a dove, i.e. to act coy. *sepasang merpati* pairs of turtle doves i.e. pairs of lovers.

badak   *badak api* fabulous rhinoceros. *badak babi/tampung* tapir. *badak/kerbau berendam* a two-horned rhinoceros. *badak gajah/raya/sumbu* rhinoceros. *badak air* hippopotamus.

domba   *domba ékor gemuk* fat-tailed sheep. *domba garut* sheep with curved horn. *adu domba* to set against one another.

siput   *siput darat* house snail. *siput kema* clam. *siput lintah* snail without shell. *siput memuji buntut* the snail praises its tail, i.e. praise oneself.

keong *keong darat* land snail. *rumah keong* snail shell.

ular *ular air* water snake. *ular beludak* adder. *ular kepala dua* two-headed snake. *ular mengiang* rainbow. *ular sanca/sawa* python. *ular sendok/tedung* copra. *ular tiong* a kind of poisionous snake.

labah-labah *sarang labah-labah* spider web. *masuk ke sarang labah-labah* enter a spider web, i.e. to be in an enemy trap.

rayap *rayap* termite. *merayarap* crawl. *waktu rayap* time drags. *tanaman yang rayap* creeping plant.

harimau *harimau akar/buluh/tutul* leopard. *harimau belang* striped tiger. *harimau kertas* paper tiger. *harimau kumbang* black panther. *harimau tunggal* tiger king.

macan *macan loréng* camourflage (clothing); striped royal tiger. *macan makan tuan* the tiger will devour you. *macan tutul* leopard.

kura-kura *kura-kura dalam perahu, pura-pura tidak tahu* (Prov.) like a turtle in a boat, i.e. pretending not to know. *kura-kura jendéla* window still/ledge. *kura-kura kaki* instep. *kura-kura tangan* back of the hand. *kunci kura-kura* padlock.

cacing *cacing gelang-gelang* tapeworm. *cacing gila* worm that turns when touched, earthworm; a woman who can't stay at home. *cacing hendak menjadi naga* (Prov.) a worm wishing to be a dragon, i.e. a humble man who behaves like a big man. *cacing kerawit* pinworm. *cacing keremi* worm; maggot. *cacing perut* tapeworm. *cacing tambang* hookworm. *cacing tanah* earthworm. *seperti cacing kepanasan* (Prov.) like a worm suffering from heat, i.e. very worried.

serigala *serigala berbulu domba* (Prov.) a wolf in a sheep's skin, i.e. clothing. *serigala dengan anggur* sour grapes.

24. VERBAL ADJECTIVES

afraid	*takut*
amazed	*kagum, héran*
amused	*geli*
busy	*sibuk*
care	*peduli, gublis*
careful	*teliti, cermat, saksama*
careless	*lalai, léngah, léka*
confused	*bingung*
conservative	*kolot, kuno*
crazy	*gila*
determined	*nékad*
disgusted	*jijik*
dizzy	*pusing, pening*
erroneous	*keliru*
fluent	*lancar, fasih*
fond of	*gemar*
fortunate	*untung*
happy	*senang, girang*
horrified	*ngeri*
jealous	*cemburu*
passionate	*asyik*
proud	*bangga*
relieved	*lega, lapang*
reluctant	*enggan, segan*
sensitive	*peka, sensitif*
startled	*kagét, kejut, peranjat*
tired	*bosan, jemu*
worried	*bimbang, kuatir*

wrong	*salah, silap, khilaf*

takut	*takut akan* afraid. *takut-takut berani* hesitating. *takut pulang* afraid to return. *takut-takut segan* rather reluctant. *jangan takut* don't be afraid. *sangat menakutkan* very frightening.
kagum	*kagum akan* amazed at. *kagum menyaksikan* amazed to watch. *mengagumkan* amazing. *rasa kagum* feeling of amazement.
héran	*héran bin ajaib* very strange. *héran kepada* astonished. *héran melihat* amazed to see. *sangat menghérankan* very amazing.
geli	*geli* amused. *geli geman* horrified. *geli hati* amused. *geli melihat* amused to watch. *sangat menggelikan* ticklish.
sibuk	*sibuk* busy. *sibuk bekerja* busy working. *sibuk mengatur* busy arranging. *jalan yang sibuk* busy street.
peduli	*peduli akan* care about. *peduli amat* who cares. *keperdulian* attention. *Saya tidak peduli* I don't care.
teliti	*teliti memeriksa* examine carefully. *penelitian* research. *penelitian permulaan* pilot study.
lalai	*lalai* careless. *lalai membaca* absorbed in

reading. *Ia lalai* He is careless. *lalaikan tugas* neglect one's duty.

bingung *bingung* confused. *Dia bingung* He was confused. *Peraturan itu sangat membingungkan* The regulations were very confusing.

kolot *kolot* old-fashioned. *fikiran kolot* conservative thinking. *kaum kolot* conservative group.

gila *gila* crazy. *gila asmara* deeply in love. *gila babi* epilepsy. *gila-gila bahasa* slightly mad. *gila bayang* crazy after something impossible. *gila harta* crazy after property. *gila pangkat* crazy after position. *gila sasar* very mad. *gila wanita* crazy after women.

nékad *nékad masuk* determined to enter.

jijik *jijik melihat* disgusted to see. *menjijikkan* nauseating.

pusing *pusing kepala* dizzy. *sangat memusingkan* very dizzying. *tidak ambil pusing* do not bother about.

keliru *ajaran yang keliru* wrong teaching. *Anggapan itu keliru* The opinion is erroneous. *sangat mengelirukan* misleading.

lancar *lancar kaji* good at studies. *lancar mulut* talkative. *lancarkan* accelerate. *bahasa yang lancar* fluent language. *dengan lancar*

	smoothly. *lalu-lintas lancar* the traffic is smooth.
gemar	*gemar membaca* fond of reading. *kegemaran* hobby.
untung	*untung* luck; profit. *untung mendapat rumah* fortunate to get a house. *untung Rp10.000* make a profit of 10,000 rupiah.
senang	*senang bertemu* happy to meet. *senang hati* satisfied. *senang sekali* very happy. *senang tinggal di sini* happy to stay here. *menyenangkan* gratifying. *dengan senang* happily. *tak senang* uncomfortable.
girang	*girang hati* happy. *girang mendapat* happy to get. *menggirangkan* cheering. *dengan girang* happily.
ngeri	*ngeri melihat* horrified to witness. *sangat mengerikan* very horrifying.
cemburu	*cemburu buta* very jealous. *cemburu melihat* jealous to see. *suami yang cemburu* a jealous husband.
asyik	*asyik membaca* absorbed in reading. *asyik bekerja* busy working. *asyik masyuk* deeply in love.
bangga	*Ia sangat bangga akan anaknya* She is very proud of her child.
lega	*lega dada/hati/fikiran* relieved. *lega*

	mendengar relieved to hear. *Minggu ini saya lega* This week I am free.
lapang	*lapang dada/hati* relieved. *lapang perut* always hungry. *lapangan* field. *waktu lapang* free time.
enggan	*enggan pergi* reluctant to go. *enggan mengikuti nasihat orang tua* reluctant to listen to parent's advice.
segan	*segan bertanya* reluctant to ask. *segan kepada* respect. *tak segan* willing. *dengan tak segan lagi* unhesitatingly.
péka	*masalah péka* sensitive issue. *péka terhadap* allergic to.
kagét	*kagét mendengar* startled to hear. *mengagétkan* startling.
kejut	*kejutan budaya* cultural shock. *terkejut* startled.
peranjat	*terperanjat melihat* startled to see.
bosan	*bosan dengan* sick of. *bosan hidup* weary of life. *bosan mendengar* tired of hearing. *tak bosannya* untiring.
jemu	*jemu dengan* tired of. *jemu hidup* tired of living. *jemu jelak* thoroughly fed up. *menjemukan* very boring.
bimbang	*bimbang hati* worried. *Ia bimbang memikir-*

kan nasib anaknya He was worried thinking of his son's fate. *sangat membimbangkan* very worrying.

salah *salah alamat* wrong address. *salah angkuh* improper. *salah arti* misunderstand. *salah asuhan/didikan* wrong upbringing. *salah bantal* pain in the neck; stupidity. *salah besar* big mistake. *salah cétak* misprint. *salah dengar* hear wrongly. *salah duga* miscalculate. *salah éjaan* misspelling. *salah faham/semat* misunderstanding. *salah guna* misuse. *salah hati* peevish. *salah hitung* miscalculate. *salah jalan* wrong road. *salah jam* wrong time. *salah kaprah* accepted mistake. *salah kira/tanggapan/terima/tampa* misunderstanding. *salah langkah* wrong step. *salah lidah* a slip of tongue. *salah lihat/mata* mistake in sight. *salah omong* say the wrong things. *salah pilih* wrong choice. *salah pukul* strike wrongly. *salah raba* grasp wrongly. *salah sambung* wrong number. *salah siapa?* whose fault? *salah tafsir* wrongly interpreted. *salah tingkah* feel awkward. *salah tulis* slip of the pen. *salah ucap* pronounce wrongly. *salah urus* mismanagement. *salah wésel* miss the point. *apa salahnya?* what is wrong? *tak salah lagi* there is no doubt.

silap *silap hati* forget oneself (because of anger). *silap mata* see wrongly. *Maaf, saya silap* Sorry, I was wrong (unintentionally).

25. VERBS (III): AUXILIARY VERBS

already	*sudah, telah*
become	*jadi*
can	*bisa, dapat*
capable	*mampu, sanggup, cakap*
contain	*muat*
cost	*berharga*
feel, taste	*rasa*
have	*ada, punya*
hope	*harap*
like	*suka, sudi*
look	*lihat, nampaknya*
may	*boléh*
must	*mesti, harus, wajib*
need	*perlu*
no, not	*bukan, tidak, belum*
shall	*akan*
smell	*bau*
still	*masih, sedang, tengah*
try	*coba, tolong*
ught to	*patut*
used to	*biasa*
willing	*sedia, sudi, réla*
wish	*mau, hendak, ingin*

sudah — *sudah itu* after that. *sudah lama* for a long time past. *sudah léwat* expire (time). *sudah tentu* certainly, indeed. *sudahkan* finish something. *sudahlah* all right. *sudahnya* finally. *Sudahnya bagaimana?* How was it finally? *kesudahan* consequence, result. *sesudahnya* afterwards. *tahun sudah* last year. *barang-barang sudah* ready-made goods. *Ia sudah pergi* He has already gone. *yang sudah, sudah* what is past is past.

jadi — *jadi kaya* become rich. *jadi sakit* get sick. *jadi tahu* come to know. *jadi tua* grow old. *kejadian* event. *Ayahnya menjadi guru* His father became a teacher. *Bagaimana jadinya?* How did it end? *boleh jadi* may be. *Cacarnya tidak jadi* The vacination did not turn out well. *jadinya* outcome. *Kalau saya jadi Saudara* If I were you. *kerja apa pun jadi* any job will do. *Rumahnya belum jadi* His house is not ready. *tidak bisa jadi* impossible. *tidak jadi* do not materialize.

bisa — *bisa jadi* possible. *bisa saja* quite possible. *bisa sekali* very capable. *bisa tidur?* can you sleep? *paling bisa* at the most. *sebisanya/sebisa mungkin* as far as possible. *Dia bisa membaca* He can read. *mana bisa* how can that possible. *tidak bisa tidak* undoubtedly.

dapat — *dapat dibeli di mana-mana* can be bought anywhere. *dapat mengemudi mobil* can drive a car. *Dapatkah saya datang?* Can I come? *sedapat-dapatnya* as far as possible.

Dia dapat berenang He can swim. *Kami tidak dapat masuk* We cannot enter. *kalau dapat* if possible. *mana dapat?* how can it be possible? *sedapat mungkin* as far as possible. *Semua dapat terjadi* Everything can happen. *tak dapat tidak ...* it cannot be avoided that ....

mampu *mampu bayar* able to pay. *mampu buat kerja itu* able to do the job. *kemampuan* ability. *keluarga yang mampu* a rich family. *tidak mampu* incapable; poor.

sanggup *sanggup angkat peti itu* able to carry the chest. *sanggup tunaikan tugas* able to carry out the duty. *kesanggupan* capability. *sesanggup tenaga* to the best of one's ability.

rasa *rasa benci* feeling of resentment. *rasa gondok* feeling of discontent. *rasa hati* heart-felt feeling. *rasa hormat* feeling of respect. *rasa malu* feeling of embarassment. *rasa salah* guilty feeling. *rasa-rasanya* it seems. *berasa lelah* feel tired. *berasa pahit* feel bitter. *berasa sakit* feel sick. *merasa asing* feel strange. *merasa bangga* feel proud. *merasa canggung* feel awkward. *merasa gelisah* feel restless. *merasa jéngkél* feel annoyed. *merasa kasihan* feel pity. *merasa senang* feel happy. *merasa terhina* feel insulted. *merasai makanan* taste the food. *serasa* as if. *Gulai itu berasa asin* The curry tastes salty. *saya rasa* I feel/think. *perasaan* feeling.

muat	*Kamar itu muat enam orang* The room can accommodate in six persons. *Majalah itu muat cerita péndék* The magazine contains short stories.
(ber)harga	*barang berharga* valuable goods. *Buku itu berharga 10 ribu rupiah.* The book costs ten thousand rupiahs.
ada	*Ada apa?* What is the matter? *ada asap ada api* (Prov.) where there is smoke there is fire, i.e. there is no smoke without fire. *ada orang* there is someone. *ada-ada saja* there is always something. *ada sedia* available. *adakan* create. *adalah* am/is/are. *keadaan* situation. *keadaan keliling* environment. *Bagaimana keadaanmu?* How are things with you? *Dia sudah ada?* Is he here already? *Ia ada di sana* He is there. *Ia ada mobil baru* He has a new car. *tidak ada uang* no money. *Saya ada melihat orang itu* I did see the man.
punya	*punya* have, possess. *berpunya* have an onwer. *kepunyaan* possession. *anak orang berpunya* a rich man's son. *Gadis itu sudah berpunya* The girl is already engaged. *Itu punya saya* That is mine. *Saya punya uang* I have money. *Siapa yang punya rumah ini?* Who owns this house. *tunggu punya tunggu* after some waiting. *Itu kepunyaan saya* That is mine.
harap	*harap diam* please be quiet. *harap duduk* please sit down. *harap maklum* please note.

harap tenang please be calm. *harapan* hope. *harapan bangsa* nation's hope. *harapan tipis* very little hope. *Kami harap engkau lulus* We hope you will pass. *tiada harapan* no hope.

suka

suka bergaduh/berkelahi like to quarrel. *suka berusaha* like to try. *suka dan duka* happiness and sorrows. *suka hati* happy. *suka lupa* forgetful. *suka menolong* like to help. *suka sabar* very patient; faithful. *suka sama suka* both parties are willing. *suka tak suka* whether you like it or not. *kesukaan* delight, favour. *sesuka hati* as one wishes. *Kalau tuan suka, datanglah* If you like, please come.

sudi

sudi agreeable. *sudi berunding* willing to discuss. *sudi tak sudi* willy-nilly. *Sudikah Anda pindah ke Jakarta?* Do you like to move to Jakarta? *Sudilah tuan duduk* Please sit down. *kesudian* willingness. *Dia sudi kepada saya* He likes me. *tak sudi* unwilling.

lihat

lihat see. *kelihatannya* apparently. *Kelihatannya ada yang tidak bérés di sini* It seems that there is something wrong here. *Dia kelihatan sedih* He looks sad. *Rumahnya kelihatan dari sini* His house can be seen from here. *tak kelihatan* nowhere in sight.

boléh

boléh berdiri can stand up. *boléh déh* all right. *boléh jadi* it is possible. *boléh juga* it is all right; it will do. *boléh menonton* can/may watch. *Boléh saya masuk?* May I come in? *kebolehan* ability. *seboléh-boléhnya* as far as possible. *Anak-anak boléh pergi* Children may go. *tak boléh jadi* it is impossible. *tak boléh tidak ...* it cannot but .... *mana boleh?* how is it possible? *apa boleh buat?* what can one do?

mesti *mesti berangkat* must leave. *mesti lulus* sure to pass. *sudah (se)mestinya* certainly, naturally. *tidak mesti* not certain; not necessary.

harus *harus datang* probably come. *harus pergi* must go. *seharusnya* ought to. *Dia harus keluar* He must go out. *seharusnya* it is proper. *tidak harus* not obligatory. *keharusan* necessity.

wajib *wajib belajar* compulsory education. *wajib daftar* compulsory registration. *wajib militér/tentara* compulsory military service. *wajib pajak* tax obligation. *kewajiban* duty. *pelajaran wajib* compulsory lesson.

perlu *keperluan* necessity, need. *keperluan pokok* main necessities of life. *seperlunya* as far as necessary. *Ada keperluan apa di sana?* Why must you go there? *Apa perlunya?* What is the need? *Untuk keperluan siapa?* For whose's need/requirement?

bukan *bukan main/kepalang/buatan* very extraordinary. *bukan orangnya* not the person.

bukan saya it is not me. *bukan tak mungkin* it isn't impossible. *bukankah?* is it not the case? *bukannya* ... it is not but .... *Dia pandai, bukan?* He is clever, isn't he? *Engkau bukan anak-anak lagi* You are not a child any more. *Saya bukan belajar* I am not studying.

tidak

tidak adil unjust. *tidak alang* many. *tidak apa-apa* it does not matter. *tidak boléh/ dapat tidak* must. *tidak cocok* not suitable. *tidak jauh* not far. *tidak jelas* not clear. *tidak jujur* not honest. *tidak keruan* chaotic. *tidak kunjung* never. *tidak lain tidak bukan (hanyalah)* ... nothing else than .... *tidak lagi* no longer. *tidak pergi* did not go. *tidak pun* if not. *tidak réla* unwilling. *tidak sanggup* unable. *tidak sedia* unwilling. *tidak senang* unhappny. *tidak suka* dislike. *setidak-tidaknya* at least.

belum

belum déwasa not yet come of age. *belum juga/lagi* still not/not yet. *belum kawin* not yet married. *belum lama ini* not long ago. *belum pernah* never. *belum tentu* not certain. *sebelum* before. *sebelum dan sesudahnya* (in correspondence) in advance. *sebelumnya* previously. *Dia belum datang* He has not come yet.

akan

akan pergi will go. *akan terima* will accept. *akan uang itu* ... regarding the money.... *Akankah meréka datang?* Will they come? *seakan-akan* as if. *Hari akan hujan* It is going to rain.

bau	*bau harum* fragrant. *bau-bauan* scent, fragrance. *berbau* smelly. *berbau busuk* smell rotten. *berbau énak* smell delicious.
masih	*Masih berapa jam lagi?* How many more hours? *masih hidup* still alive. *masih hijau* still green; inexperienced. *masih juga/saja* still. *masih mahasiswa* still a university student. *masih percaya* still believe.
sedang	*sedang* while. *sedang belajar mengetik* (is) learning to type. *sedang bicara* (Tel.) the line is busy. *sedang dicetak* in press. *sedang hamil* pregnant. *Sedang mengapa dia?* What is he doing?
tengah	*tengah* middle, centre. *tengah dua ratus* one hundred and fifty. *tengah hari* noon. *tengah malam* midnight. *tengah membaca/menari* in the process of reading/dancing. *setengah* half. *setengah hari* half a day. *setengah hati* half-hearted. *setengah jam* half an hour. *setengah orang* some people. *di tengah kamar* in the middle of the room. *jam setengah lima* 4.30 p.m.
coba	*coba* try. *coba belajar bahasa asing* try to learn a foreign language. *coba buka pintu* try to open the door. *coba lihat* just look. *coba melarikan diri* try to escape. *coba mendekati tempat itu* try to go near the place. *coba mobil ini* try this car. *coba pakaian ini* try this suit. *coba pegang ini* please hold this. *coba tipu* try to cheat. *percobaan* trial.

tolong	*tolong* help. *Tolong ambilkan saya buku itu* Please get me the book. *Tolong panggilkan taksi* Please call a taxi. *Tolong sampaikan salam pada orang tua Anda* Send my regards to your parents.

sedia	*sedia berangkat* ready to go. *sedia membantu* willing to help. *sediakan makanan* prepare the food. *persediaan* supply. *siap sedia* ever ready. *tidak sedia* unwilling.

mau	*mau datang* wish to come. *mau hujan* going to rain. *Mau ke mana?* Where are you going? *mau pergi* wish to go. *mau sama mau* mutual liking. *mau tahu* curious. *mau tak mau* willy-nilly. *maunya* would like. *kemauan* wish, desire. *semau-maunya* at will. *Apa maumu datang ke sini?* What is your purpose of coming here? *Itu mauku* That is my wish.

hendak	*hendak bicara* wish to speak. *hendak menjadi guru* wish to become a teacher. *hendak pergi* wish to go. *hendaklah* please. *hendaklah maklum* please take note. *hendaknya* hopefully. *kehendak* wish; desire. *atas kehendak sendiri* of one's own accord.

ingin	*ingin hidup bahagia* wish to live happily. *ingin mencoba* wish to try. *ingin mengetahui* wish to know. *ingin tahu* curious. *keinginan* wish; desire. *Saya ingin pergi* I wish to go.

patut	*patut dihukum* should be punished. *patut dipuji* praise worthy. *sepatutnya* properly. *harga patut* fair price. *tak patut* unfair.
biasa	*biasa pergi* used to go. *kebiasaan* habit *kebiasaan sehari* daily routine. *biasanya* usually. *Ia biasa minum kopi* He is used to drinking coffee. *itu biasa saja* it is nothing (as usual). *orang biasa* ordinary people. *seperti biasa* as usual.

26. VERBS (IV): CAUSATIVE AND LINKING VERBS

advise	*nasihatkan*
announce	*umumkan*
blind	*butakan*
classify	*golongkan*
compare	*bandingkan*
conclude	*simpulkan*
confirm	*sahkan*
consider	*pertimbangkan*
convince	*yakinkan*
darken	*gelapkan, kelamkan*
decide	*tentukan, putuskan*
discuss	*bincangkan*
dispute	*persoalkan, pertengkarkan*
distinguish	*bédakan*
enslave	*membudakkan*
finish	*selesaikan, rampungkan, béréskan*
flatten	*ratakan*
forgive	*maafkan*
free	*lepaskan*
glorify	*agungkan*
indicate	*tunjukkan*
justify	*benarkan*
order	*perintahkan*
perfect	*sempurnakan*
perform	*jalankan, lakukan*
predict	*ramalkan*
propose	*usulkan*

reveal	*ungkapkan*
sadden	*sedihkan*
satisfy	*puaskan*
save	*selamatkan*
slacken	*kendurkan*
suggest	*anjurkan*
tighten	*eratkan*
unify	*satukan*
waken	*bangunkan*
warn	*ingatkan*

nasihatkan	*nasihat* advice. *nasihatkan* advise. *Ia menasihatkan anaknya supaya tekun belajar* He advised his son to study hard.
umumkan	*umum* general. *umumkan* announce. *mengumumkan hasil pemilihan* announce the election results.
butakan	*buta* blind. *Infeksi telah membutakan matanya* Infection has blinded his eyes.
golongkan	*golong* group, class. *golongkan orang menurut pekerjaan* classify people according to occupation.
bandingkan	*banding* equal. *bandingkan* compare. *Dia membandingkan bahasa Indonesia dengan bahasa Melayu* She compares Indonesian and Malay.
simpulkan	*simpul* knot. *simpulkan* conclude. *Ia menyimpulkan bahwa tafsirannya benar*

He concluded that his interpretation was right.

sahkan	*sah* legal. *sahkan* confirm. *Tim dokter mengesahkan kematian orang tuanya* The team of doctors confirmed his parents' death.
pertimbangkan	*timbang* weighing. *pertimbangkan* consider. *Ia mempertimbangkan kembali permintaan adiknya* She reconsidered her brother's request.
yakinkan	*yakin* sure. *yakinkan* convice. *Ia berusaha meyakinkan ayahnya* He tried to convince his father.
gelapkan	*gelap* dark. *gelapkan ruangan* darken a room. *gelapkan uang* embezzle money.
kelamkan	*kelam* dark. *awan kelamkan langit* clouds darken the sky.
tentukan	*tentu* certain. *tentukan* decide. *Hakim akan menentukan vonisnya minggu depan* The judge will decide his verdict next week.
putuskan	*putus* broken off. *putuskan* decide. *Ia memutuskan siapa-siapa yang akan melaksanakan rencananya* He decided who would carry out his plans.
bincangkan	*berbincang-bincang* discuss. *Mereka sedang membincangkan soal itu* They were discussing the problem.

persoalkan	*soal* problem. *persoalkan* dispute. *Kita tidak usah mempersoalkan siapa yang bersalah.* We don't have to dispute who was guilty.
pertengkarkan	*tengkar* dispute. *Suami istri itu mempertengkarkan masalah anak mereka* The couple argued over their son's problem.
bédakan	*béda* difference. *bédakan* distinguish. *Ia belum dapat membédakan mana yang benar dan mana yang salah* He is unable to distinguish what is right and what is wrong.
membudakkan	*budak* slave. *Dia membudakkan bawahannya* He enslaved his subordinates.
selesaikan	*selesai* finished. *Dia sudah menyelesaikan pekerjaannya* He has finished his work.
rampungkan	*rampung* finished. *Mereka sudah merampungkan bangunan itu* They have completed the building.
béréskan	*bérés* finished. *Dia sudah membéréskan perkara itu* He has settled the matter.
ratakan	*rata* flat. *meratakan jalan* flatten/level a road.
maafkan	*maaf* pardon. *maafkan* forgive. *Ia sudah memaafkan semua kesalahan saya* She has forgiven all my mistakes.
lepaskan	*lepas* free. *Kita harus berusaha melepaskan*

diri We must try to free ourselves.

agungkan	*agung* high, noble, impressive. *agungkan diri* glorify oneself.
tunjukkan	*tunjuk* show. *tunjukkan* indicate. *Jam telah menunjukkan setengah tujuh pagi* The clock indicated 6.30 a.m.
benarkan	*benar* correct, right, true. *benarkan desas desus* confirm a rumour. *benarkan kesalahan* correct a mistake. *benarkan tindakan* justify an action.
perintahkan	*perintah* order. *Ia memerintahkan saya keluar* He ordered me to go out. *pemerintah* government.
sempurnakan	*sempurna* perfect. *Ia berusaha menyempurnakan pekerjaan itu* He tried to perfect the work.
jalankan	*jalan* road. *jalankan* carry out. *Tiap karyawan harus menjalankan tugas masing-masing* Every employee should carry out his duty.
lakukan	*laku* behaviour. *lakukan* perform. *Ia hanya melakukan tugas saja* He is only performing his duty.
ramalkan	*ramalan* prediction. *ramalkan* predict. *Ayah meramalkan mereka akan kembali bésok* Father predicts that they will return tomorrow.

usulkan	*usul/usulan* proposal. *usulkan* propose. *Teman-temannya mengusulkan Yono menjadi ketua kelas* His friends proposed Yono to be the head boy.
ungkapkan	*ungkap* express, reveal. *ungkapan* expression. *Keterangan itu mengungkapkan bahwa sebenarnya dia banyak mempunyai uang* His information revealed that he was indeed very rich.
sedihkan	*sedih* sad. *Kemalangan itu menyedihkan hatinya* The accident made him sad.
puaskan	*puas* satisfied. *puaskan dahaga/haus* quench one's thirst. *puaskan hati* satisfy the heart. *puaskan nafsu* satisfy a desire.
selamatkan	*selamat* safe. *selamatkan diri* save oneself. *selamatkan orang dari bahaya* rescue someone from danger. *keselamatan* safety.
kendurkan	*kendur* loose, slack. *kendurkan semangat* slacken the spirit. *kendurkan senar biola* loosen the violin string. *kendurkan urat* relax the muscle.
anjurkan	*anjur* stick out. *anjuran* suggestion. *anjurkan* suggest. *Guru menganjurkan murid itu melanjutkan studinya* The teacher suggested that the student further her studies.
ératkan	*érat* tight. *ératkan ikat pinggang* tighten the belt. *ératkan tali persaudaraan* strengthen the friendship.

satukan	*satu* one. *satukan dua negara* unify the two countries. *satukan éjaan* unify the spellings. *satukan tenaga* concentrate all one's energy.
bangunkan	*bangun* wake up. *bangunkan orang tidur* wake someone up from sleep. *bangunkan semangat* arouse the spirit.
ingatkan	*ingat* remember. *ingatkan* warn. *Ayahnya telah berkali-kali mengingatkan dia supaya jangan bercampur dengan orang itu* His father warned him not to associate with the man.

27. VERBS (V): SHOPPING

agree	*setuju, akur*
bargain	*tawar*
break	*pecah, patah, putus*
buy	*beli*
carry	*bawa*
change	*tukar, ganti, ubah*
cheat	*tipu*
choose	*pilih*
claim	*tuntut, tagih*
close	*tutup*
count	*hitung, kira*
deliver	*antar*
endure	*tahan*
estimate	*taksir*
guarantee	*jamin*
help	*tolong, bantu*
order	*pesan*
pay	*bayar*
promise	*janji*
queue up	*antré*
receive	*terima*
refund	*kembalikan*
sell	*jual*
send	*kirim*
serve	*layan, meladéni*
show	*tunjuk*
squander	*boroskan*
treat	*traktir*

weigh *timbang*

setuju	*setuju* agree. *setuju dengan harga* agree with the price. *setuju dengan usul* agree with the proposal. *setuju dengan warna* like the colour.
tawar	*tawar* bargain. *tawaran* offer, bid. *tawaran khusus* special offer. *Boleh saya tawar?* May I bargain? *tak dapat tawar* cannot bargain.
pecah	*pecah hati* lost courage; broken-hearted. *pecah rékor* break record. *pecah telinga* deafening. *pecahkan masalah* solve problems. *pecahkan piring* break a plate. *pecah telur* break an egg, i.e. get one's first point in tennis. *piring pecah* broken plate.
patah	*patah arang* completely broken. *patah cinta/hati* broken-hearted. *patah lesu* desperate. *patah lidah* speechless. *patah seléra* have no appetite. *patah tulang* bone fracture. *tak lekas patah hati* not easily disheartened.
putus	*putus akal/bicara* at a loss. *putus asa/harap* lose hope. *putus harga* price agreed upon. *putus nafas/nyawa/jiwa* lose breath/life, i.e. to die. *putus rezeki* lose livelihood. *putus sekolah* drop out of school. *keputusan* decision.

beli — *beli mobil* to buy a car. *dapat dibeli* can be purchased. *daya beli* purchasing power. *harga beli* purchase price.

bawa — *bawa* bring. *bawa akibat* have consequences. *bawa alamat* carry an address/sign. *bawa berat* pregnant. *bawa berunding* invite to discuss. *bawa bulan* menstruate. *bawa diri* to go away; behave oneself. *bawa duduk* invite to sit. *bawa iman* embrace the faith. *bawa jalan* show the way. *bawa kabur* run off with. *bawa kacau* cause trouble. *bawa ke air* circumcised. *bawa keliling* show around. *bawa kenangan* evoke memories. *bawa lagu* to sing a song. *bawa lari* kidnap. *bawa mati* cause death. *bawa mobil* drive a car. *bawa nasib* look for a livelihood. *bawa nyawa* to save one's life. *bawa pulang* bring home. *bawa salah* misunderstood. *bawa serta* bring along. *bawa singgah* invite to stop in. *bawa suara* ... carry the voice of .... *bawa uang* bring money. *bawa untung* to seek one's luck.

tukar — *tukar* exchange. *tukar bas* change bus. *tukar bicara* discuss. *tukar cincin* exchange rings. *tukar haluan* to change direction. *tukar jalan* to take another way. *tukar pakaian* change clothes. *tukar fikiran* change one's mind. *tukar ranjang* change bed, i.e. married again. *tukar tempat* change place. *tukar uang* change money.

ganti — *ganti* replace. *ganti keméja* change shirts. *ganti kereta api* change trains. *ganti kulit* change skin. *ganti pesawat* change plane. *ganti rugi* to compensate. *ganti tangan* change hands. *ganti tikar* change mat, i.e. to marry the sister of one's deceased wife.

ubah
ubah change. *ubah akal/ingatan/fikiran* change one's mind; crazy. *ubah setia* change loyalty. *ubah suai* to adapt. *ubah pendapat* change opinion. *tak ubah dengan/sebagai* the same as. *ubah sikap* change attitude.

tipu
tipu cheat. *tipu daya/muslihat* deceit, trickery. *tipu mata* cheat the eyes. *tipu orang* cheat the people.

pilih
pilih choose. *pilih bulu/kasih* partial. *pilih kawan* choose friends. *pilihan* choice. *pemilihan umum* the general election. *tanpa pilih bulu* without being impartial.

tuntut
tuntut demand. *tuntut balas/béla* demand revenge. *tuntut ilmu* pursue knowledge.

tagih
tagih hutang demand payment of debts. *tagih janji* demand fulfilment of promise. *ketagihan minuman keras* addicted to alcoholic drinks.

tutup
tutup buku balanced (of books). *tutup diri* isolate oneself. *tutup kantor* close office. *tutup léhér* scarf. *tutup malu* cover up shame. *tutup mata* close eyes, i.e. die. *tutup mulut* keep mouth shut, keep quite. *tutup pintu/jendéla* to close doors/windows. *tutup riwayat* suicide. *tutup tahun* annual balanc-

	ing of books. *tutup tangan* refuse to help. *tutup usia* pass away. *setahun tutup* a full year.
hitung	*hitung harga barang dengan dolar* fix the price in dollars. *hitung jumlah suara* count the ballots. *hitung keuntungan* count the profit. *hitung uang* to count the money. *mesin hitung* calculator.
kira	*kira* count. *kira uang* count money. *kira-kira* about. *saya kira* I calculate.
antar	*antar makanan* deliver the food. *antar surat* deliver the letters. *antar tamu* send the guests. *antaran kawin* dowry. *antaran pos* postal delivery. *pengantar kata* preface.
tahan	*tahan air* waterproof. *tahan api* fireproof. *tahan besi* invulnerable. *tahan cuaca* weatherproof. *tahan cuci* washable. *tahan harga* stable in price. *tahan karat* rustproof. *tahan lama* lasting. *tahan larat* lasting. *tahan lembab* moisture-resistant. *tahan tangan* invulnerable. *tahan uji* tested, tried. *daya tahan* resistant power. *putih tahan sesah, hitam tahan terpa* unchanging, resistant to change.
taksir	*taksir harga* estimate the price. *taksiran* estimation. *taksiran kasar* rough estimation.
jamin	*jamin mutu barang* guarantee the quality of goods. *jamin utang* guarantee the loan/debt. *jaminan hak* patent. *jaminan hukum*

legal guarantee. *jaminan sosial* social security. *uang jaminan* guarantee fee.

tolong   *tolong* help. *tolong orang miskin* help the poor. *tolong nyawa* save lives. *pertolongan pertama* first aid. *minta tolong* ask for help.

pesan   *pesan buku* order books. *pesan minuman* order drinks. *pesan tempat* reserve places.

bayar   *bayar di muka* pay in advance. *bayar kontan/tunai/lunas* pay in cash. *bayar niat/kaul* fulfil a promise. *bayar pajak* pay taxes. *bayar uang* pay money. *pembayaran* payment.

janji   *janji datang* promise to come. *janji kawin* marriage vow. *dengan janji* on condition. *janji séwa beli* hire purchase. *janji séwa guna* leasing. *janji séwa-menyéwa* contract of hire and lease. *minta janji* ask for delay/postponement. *Perjanjian Baru* New Testament. *Perjanjian Lama* Old Testament. *sampai janji* reach the hour of death.

antré   *antré bénsin* queue up for gasoline. *antré beras* line up for rice.

terima   *terima jabatan baru* accept a new post. *terima kasih* thank you. *terima kenyataan* accept reality. *terima nasib* accept fate. *terima salah* admit guilty. *terima surat* receive letters. *terima tamu* receive guests. *terima uang* receive money. *terima usul* accept proposal. *serah/timbang terima* transfer. *tanda terima* receipt.

kembali *kembali ke rahmatullah* pass away. *kembali kepada* come back to (the subject). *kembali pulang* return home. *kembalikan barang yang dibeli* return the goods bought. *kembalikan buku (ke perpustakaan)* to return books (to the library). *kembalikan uang pembayaran* return the changes. *kembalinya* the change. *Ada kembali?* Do you have change? *membayar kembali* pay back. *hidup kembali* come to life again. *Terima kasih kembali* You are welcome. *tidak kembali lagi* never come back again. *uang kembalian* changes (of money).

jual *jual* sell. *jual aksi* show off. *jual beli* trade sales. *jual bangsa* sell one's country. *jual bicara* mere talk. *jual cincin* sell rings. *jual muka* show off. *jual murah* cheap sale. *jual lélang* sell at auction. *jual lepas* sell outright for cash. *jual mahal* sell dearly. *jual nama* to use someone's name to cheat. *jual rugi* sell below cost. *jual rumah* sell a house. *jual tampang* put on airs. *jualan* goods.

kirim *kirim salam* send regards/greetings. *kirim surat* send letters. *kirim undangan* send invitations.

layan *layan tamu* serve guests. *layanan* service. *layanan di kamar* room service. *layanan lepas jual* after sale service. *swalayan* self-service.

boroskan *boros* wasteful. *boroskan gaji* squander the salary. *boroskan uang* squander the money. *pemborosan* extravagance.

timbang *timbang beras* weigh rice. *timbang rasa* sympathy, consideration of other's feelings. *timbangan* scales. *timbangan buku* book review. *timbangan daging* meat scales. *dipertimbangkan* under consideration. *ketimbang* compared to. *pertimbangan* consideration.

28. VERBS (VI): MORE ACTIVITIES

ask	*tanya, minta, suruh*
attack	*serang, serbu*
bite	*gigit*
break	*langgar*
call	*panggil*
catch	*tangkap*
change	*salin*
chase	*halau, kejar, usir*
climb	*panjat*
draw	*lukis*
follow	*ikut, turut*
forget	*lupa*
get	*dapat*
give	*beri*
hold	*pegang*
invite	*undang, ajak*
keep	*simpan*
kick	*sépak, tendang*
kiss	*cium*
kill	*bunuh*
know	*tahu, kenal*
meet	*temu, jumpa*
move	*pindah*
open	*buka*
plant	*tanam*
pull	*tarik*
push	*tolak, dorong*
put	*taruh*

read	*baca*
remember	*ingat*
sew	*jahit*
wash	*cuci*
watch	*jaga*
wear	*pakai*

tanya — *tanya jawab* question and answer, interview. *tanya pendapat* ask for opinion. *Boléh saya tanya?* May I ask a question? *Tumpang tanya, Pak?* Excuse me, may I ask a question?

minta — *minta ampun* ask for forgiveness. *minta banding* lodge an appeal. *minta berhenti* resign. *minta cerai* ask for divorce. *minta diri* take leave. *minta izin* ask for permission. *minta jalan* ask permission to pass. *minta korban/nyawa* claim victims. *minta maaf* ask for pardon. *Minta bicara dengan ...* May I speak to ....

suruh — *suruh* order. *Saya disuruh keluar* I was ordered to go out.

serang — *serang musuh* attack enemies. *serangan* attack. *serangan balasan* counter attack. *serangan jantung* heart attack. *serangan sambar* strafing (by aircraft).

gigit — *gigit bibir* bite one's lip. *gigit jari* bite one's finger, i.e. disappointed. *gigit lidah* bite one's tongue, i.e. tongue-tied. *gigitan nyamuk* mosquito bite.

langgar	*langgar hukum* violate the law. *langgar janji* break a promise. *Mobil itu langgar pohon* The car struck a tree. *berlanggar dengan* collide with.
panggil	*panggil polisi* call the police. *panggilan* call. *panggilan suci* sacred mission. *surat panggilan* summons, notice.
tangkap	*tangkap* catch. *tangkap angin* seize the wind, i.e. try to do the impossible. *tangkap basah* caught in the act. *tangkap bola* catch a ball. *tangkap ikan* catch fish. *tangkap penjahat* arrest the criminals. *tangkap siaran* receive broadcast.
salin	*salinan* copy. *salinan ijazah* a copy of certificate. *bersalin* give birth. *bersalin pakaian* change clothes. *bersalin rupa* change one's appearance. *menyalin surat* to copy a letter.
halau	*halau burung* chase away the birds.
kejar	*kejar maling* chase a thief. *kejar waktu* rush for time. *kejar kesenangan* pursue happiness.
usir	*pengusir burung* scarecrow.
panjat	*panjat* climb. *panjat doa* say prayers. *panjat perkara* (Leg.) appeal to a higher court. *panjat pohon* to climb a tree. *dipanjat kaya* become rich suddenly. *panjatkan syukur* thank God.

lukis   *lukisan* painting. *melukis gambar* to paint a picture. *seni lukis* art of painting.

ikut   *ikut* follow. *ikut berduka cita* convey condolences. *ikut campur* intervene. *ikut bermain* to play together. *ikut kelakuan guru* imitate teachers' bahaviour. *ikut nasihat dokter* take doctor's advice. *ikut perintah* follow instruction. *ikut serta* to go along. *ikut upacara* participate in a ceremony.

turut   *turut* follow. *turut bertanggung jawab ...* share the responsibilities of .... *turut campur* interfere. *turut makan* join in eating. *turut pergi* go along with. *turut serta* go along with. *berturut-turut* in succession. *menurut* according to. *menurut abjad* alphabetically. *menurut berita* according to the news. *menurut contoh* follow the example.

lupa   *lupa bawa* forget to bring. *lupa daratan* forget oneself. *lupa diri* unconscious. *lupa-lupa ingat* vaguely remember.

dapat   *dapat angin baik* get the favourable wind, i.e. lucky. *dapat harta* get property. *dapat kabar* receive news. *dapat kesulitan* get difficulties. *dapat laba* get profits. *dapat malu* lose face. *dapat nama baik* get a good name. *dapat sorotan* get attention. *dapat tahu* find out. *didapati* found. *pendapat* opinion. *pendapatan* income, earnings.

beri *beri alamat* give signal. *beri gelar* give a title. *beri hadiah* give a gift. *beri hati* encourage. *beri ingat* give warning. *beri isyarat* give signal. *beri kesan* give an impression. *beri kuasa* give authority. *beri malu* shame. *beri muka* give face. *beri pinjam* lend. *beri rezeki* give a living. *beri salam/selamat* extend greetings. *beri sedekah* give alms. *beri semangat* give spirit, i.e. encourage. *beri suara* vote. *beritahu* inform.

pegang *pegang* cling to. *pegang batang* holding an important job. *pegang buku* keep accounts. *pegang jabatan* hold a position. *pegang kemudi* hold the helm. *pegang peranan* play a role, hold the reigns of company. *pegang setir* hold the steering. *pegang teguh* hold strongly to. *pegang toko* manage the shop. *pegangan* hold, handle. *buku pegangan/pemegang* guidebook. *pemegang* holder. *pemegang andil* share holder. *pemegang buku* book-keeper. *pemegang recor* record holder.

undang *undang* invite. *Mereka undang kami makan malam* They invite us for dinner. *undangan* invitation.

simpan *simpan rahasia* keep a secret. *simpan surat di dalam laci* keep the letters in a drawer (of a table). *simpan uang* to save/keep money. *simpanan* savings.

sépak *sépak* kick. *sépak bola* soccer. *sépak ke atas* kick upward. *sépak raga* kind of game, similar to kick-ball. *sépak terjang* behaviour.

tendang *tendang terajang* kicking and stamping. *tendang tumit* stamping the foot. *tendangan* kick. *tendangan bébas* free kick.

cium *cium bau apak* smell a stink. *cium jejak* smell the traces of someone. *cium kabar* sniff the news. *cium tanah* kiss the earth. *cium tangan* kiss hands.

bunuh *bunuh* kill. *bunuh diri* commit suicide. *bunuh orang* kill someone. *bunuh waktu* kill time.

tahu *tahu adat* well mannered. *tahu bahasa asing* know foreign language. *tahu balas* grateful. *tahu benar dalam* conversant with. *tahu bérés* wait for everything to be done by others. *tahu diri* know one's position. *tahu makan tahu simpan* know how to keep a secret. *tahu sama tahu* you know, I know. *tahu-tahu* suddenly. *perlu diketahui bahawa ...* it should be known that .... *untuk diketahui* for your information. *setahu* as far as one knows. *belum tahu* never. *mau tahu saja* just want to know (curious). *sudah tahu* been. *tak tahu diri/malu* unashamed. *tidak tahu* never (known).

kenal *kenal akan/kepada* know, be acquainted with. *kenalan* acquaintances. *pengenalan* identification. *perkenalkan* introduce. *terkenal* well known. *tak kenal mata huruf* illiterate. *tidak kenal ampun* show no mercy.

tidak kenal malu unashamed.

temu
temu meet. *temu duga* interview. *temu karya* workshop. *temu mata/muka* meet face to face. *temu pendapat* exchange opinion. *temu pérs* press conference. *temu ramah* a social get-together. *bertemu dengan* come across. *bertemu jodoh dengan* marry. *sampai bertemu lagi* till we meet again.

jumpa
jumpa pérs press conference. *sampai jumpa lagi* till (we) meet again.

pindah
pindah move. *pindah alamat* change address. *pindah buku* transfer account. *pindah bis* change bus. *pindah hak* change of ownership. *pindah rumah* to move house. *pindah tangan* change hands. *pindah tempat* change places. *pindah tugas* change duty.

buka
buka baju take off clothes. *buka bungkusan* open a package. *buka jendéla* open the window. *buka jalan* open a road, i.e. begin to do something. *buka mata* open the eyes, i.e. see. *buka mulut* open the mouth, i.e. talk. *buka payung* open an umbrella. *buka pintu* open the door. *buka prakték* open a clinic. *buka puasa* break the fast. *buka rapat* open a meeting. *buka sidang* open a meeting. *buka tali* untie the rope. *buka telinga* open the ears, i.e. listen. *buka warna* show one's true colours. *buka toko* open shop. *terbuka* opened. *surat terbuka* open letters. *Kantor sini buka jam sembilan* This office opens at 9.00 a.m.

tanam	*tanam mayat* bury a corpse. *tanam uang* invest money. *tanam ubi* plant edible tuber. *tanaman* plants; crops.
tarik	*tarik anggota baru* recruit new members. *tarik béa* collect taxes. *tarik bécak* to ride a pedicab. *tarik diri* withdraw. *tarik hati* interesting. *tarik keluar* pull out. *tarik lagu/ suara* sing. *tarik langkah seribu* run away. *tarik léhér panjang* stubborn. *tarik kembali/ mundur* withdraw, cancel. *tarik keréta* pull a car. *tarik kesimpulan* draw a conclusion. *tarik minat* arouse interests. *tarik muka dua belas* very disappointed. *tarik nafas* breathe. *tarik nafas panjang* sigh. *tarik nafas penghabisan* die. *tarik ongkos* cost a lot of money. *tarik pajak* levy taxes. *tarik piutang* collect debts. *tarik undian* win a prize (in a lucky draw). *tarik untung* get a profit. *tarik urat* stubborn. *daya tarik* power of attraction. *gaya tarik* attractive power.
tolak	*tolak* push. *tolak angsur* give and take. *tolak bala* warding off misfortune. *tolak bara* ballast. *tolak mobil mogok* push a stalled car. *tolak pendapat* refuse an opinion. *tolak penyakit cacar* prevent smallpox. *tolak permintaan* reject a request. *tolak raih* bargain. *tolak serangan musuh* repel enemy attack. *bertolak* depart. *menolak* push.
dorong	*dorong mobil* push the car. *dorong ke depan* push forward.

taruh	*taruh* put. *Taruh buku itu di atas meja* Put the book on the table. *taruh dahsyat* afraid. *taruh di bawah paha* ignore. *taruh harapan* place hope on. *taruh hati* fall in love with. *taruh hormat* give respect. *taruh kata* if. *taruh kepercayaan* put trust in. *taruh malu* feel ashamed. *taruh perhatian* interested in. *taruh rahasia* keep secret. *taruh uang* put money in. *taruhan* stake. *bertaruh* bet.
baca	*baca batin/dalam hati* read silently. *baca bibir* lipread. *baca buku* read books. *baca doa* read prayer. *baca nyaring* read aloud. *bacaan* reader. *bahan bacaan* reading materials. *pembaca* reader.
jahit	*jahit pakaian* sew dresses. *jahit tangan* hand-sewn. *mesin jahit* sewing machine.
cuci	*cuci* wash. *cuci darah* cleanse the blood, dialysis (kidney). *cuci mata* wash the eyes, i.e. girls watching. *cuci maki* verbal abuse. *cuci muka* wash the face. *cuci mulut* dessert. *cuci otak* wash the brain, i.e. indoctrinate. *cuci perut* wash the stomach, i.e. laxative. *cuci rambut* wash the hair; shampoo. *cuci tangan* wash the hands, i.e. refuse to get involved.
jaga	*jaga anak* baby-sit. *jaga diri* look after oneself. *jaga hati/perasaan orang* consider other's feeling. *jaga keamanan* guard security. *jaga kebersihan* keep clean. *jaga langkah* watch one's step. *jaga malam* night watch. *jaga perkataan/ mulut* watch one's

words. *jaga tertib/ketertiban* keep order. *dokter jaga* doctor on duty.

pakai   *pakai* wear. *pakai apa?* by what? (means of transportation). *pakai dasi* wear a tie. *pakai mobil* use a car or come by car. *pakai susu, tidak?* with milk or without. *tidak pakai gula* without sugar.

29. ADJECTIVES (III): PERSONS

active	*lincah, giat*
angry	*marah, geram, gusar*
big	*besar*
cheerful	*gembira, riang*
clever	*pintar, pandai*
conceited	*sombong, angkuh, congkak*
courageous	*berani*
cunning	*licik, curang*
diligent	*rajin, tekun*
extravagant	*boros*
famous	*masyhur, sohor, terkenal*
fat	*gemuk, gendut*
fierce	*garang, galak, ganas*
greedy	*tamak, loba, serakah*
honest	*jujur*
just	*adil*
lazy	*malas*
loyal	*setia*
lucky	*beruntung, mujur*
nervous	*gugup, gelisah*
pious	*saléh, alim*
polite	*sopan*
poor	*miskin, papa*
pretty	*cantik, jelita, élok*
rich	*kaya, mampu*
shy	*malu-malu*
silly	*bodoh, tolol*
sincere	*ikhlas*

skilful	*mahir, trampil, cekatan*
slim	*langsing, ramping*
small	*kecil, cilik*
stingy	*kikir, lokék, pelit*
thin	*kurus*
thrifty	*hémat*
young	*muda*

lincah	*Anak itu lincah sekali* The child is very active.
giat	*kegiatan* activity. *bekerja dengan giat* work hard. *belajar dengan giat* study seriously.
marah	*marah-marah* very angry. *bangkit/naik marah* to get angry.
besar	*besar cakap* talk big; arrogant. *besar hati* arrogant; proud. *besar hidung* big nose, i.e. arrogant. *besar kalang* big prop, i.e. coward. *besar kepala* big-headed, i.e. stubborn. *besar lambung* greedy. *besar lengan* strong. *besarkan* enlarge. *Badannya besar* His body is big. *gaji besar* big salary. *Ia sudah besar* He has grown up.
gembira	*gembira ria* very happy. *gembirakan* make happy. *Dia sangat gembira* He is very cheerful.
riang	*riang gembira* very happy. *riang hati* happy. *riang mulut* talkative.

pintar	*pintar berbohong* good at lying. *pintar bicara* good at talking. *pintar busuk* cunning.
pandai	*pandai* clever. *pandai berbahasa Inggeris* know how to speak English. *pandai bergaul* good at mixing with people. *pandai hidup* know to survive. *pandai membaca* know how to read. *pandai pidato* good at giving speech.
sombong	*orang sombong* a conceited person.
angkuh	*jangan angkuh* don't be conceited. *suaranya angkuh* his voice is conceited.
congkak	*congkak bongkak* very arrogant.
berani	*berani* brave. *berani lalat* brave as a fly, i.e. pretended to be brave. *berani mati* dare to die, i.e. very brave. *berani sumpah* dare to swear. *berani udang* brave as shrimp, i.e. hesitating. *beranikan* encourage. *pasukan berani mati* suicide squad.
licik	*Orang itu licik* The man is cunning.
curang	*main curang* play foul.
rajin	*rajin kerja* industrious. *kerajinan rumah tangga* home industry. *kerajinan tangan* handicraft. *perajin* craftsman. *Anak itu rajin* The child is diligent.
tekun	*tekun bekerja* work diligently. *belajar dengan tekun* study diligently.

boros — *Dia sangat boros* He is very extravagant.

masyhur — *masyhur berani* known to be brave. *masyhur jahat* notorious for being wicked. *nama masyhur* a famous name.

gemuk — *pos yang gemuk* a fat position. *wanita gemuk* a fat woman.

garang — *garang bekerja* work very hard. *bini garang* a fierce wife.

galak — *galakkan* encourage. *anjing galak* a fierce dog. *orang galak* a fierce person.

ganas — *binatang ganas* ferocious animals. *Wabak sedang mengganas di daerah itu* An epidemic is raging in that area.

tamak — *tamak akan upah* eager for pay. *tamak kedekut* greed and avarice. *Tamak menghilangkan malu* Greed has no shame. *loba tamak* greedy.

jujur — *orang jujur* an honest man. *kejujuran* honesty.

adil — *adil makmur* fair and prosperous. *keadilan* justice. *pengadilan* the court. *pengadilan agama* religious court. *hakim yang adil* a fair judge. *hukum adil* a fair sentence. *keputusan yang adil* a fair verdit.

malas — *malas bangun* lazy to get up. *malas bekerja* lazy to work. *malas bertanya* lazy to ask. *malas berbicara* lazy to talk. *kursi malas* a

	reclining (= lazy) chair. *orang malas* a lazy person.
setia	*setia* loyal. *setia kawan* solidarity. *setiarahasia* private secretary. *setiausaha* secretariat.
untung	*untung bersih* net profit. *untung kotor* gross profit. *untung nasib* fate. *untung rugi* profit and loss. *untunglah* fortunately. *lebih untung* more fortunate.
gugup	*Dia selalu gugup* He is always nervous. *jangan gugup* don't be nervous.
gelisah	*gelisah resah* very worried. *gelisahkan* make worried.
saléh	*orang saléh* a pious person.
sopan	*sopan santun* polite behaviour. *berlaku sopan* behave politely. *dengan sopan* politely. *orangnya sopan* he is polite. *pakaian sopan* smart dress. *perempuan sopan* a good woman.
miskin	*miskin papa* very poor. *Si miskin* the poor.
papa	*papa sengsara* destitute.
cantik	*cantik jelita/molék* very attractive. *cantikkan* beautify. *kecantikan* beauty. *ratu cantik/kecantikan* beauty queen. *salon kecantikan* beauty salon.

élok	*élok bahasa/budi* polite. *Parasnya élok* Her face is beautiful.
kaya	*kaya akan hasil bumi* rich in agricultural produce. *kaya hati* generous. *kaya hutang* deeply in debt. *kaya raya/melangit* very rich. *kayakan* enrich.
malu	*malukan* cause shame. *malu-malu kucing* pretending to be shy, coy. *bermalulah sedikit* behave yourself a bit. *kemaluan* genitals. *jangan malu* don't be shy. *tidak kenal/tahu malu* shameless.
bodoh	*Anak itu bodoh benar* The child is very silly. *bikin bodoh sama* made a fool of. *masa bodoh* indifferent.
ikhlas	*dengan ikhlas* sincerely. *hadiah ikhlas* a sincere gift. *Orang itu ikhlas* The man is sincere.
mahir	*mahir mengemudikan mobil* can drive a car. *mahirkan* make skilful.
langsing	*Badannya langsing* She is slim. *obat langsing* slimming medicine.
ramping	*rampingkan tubuh* make the body slim. *pinggang ramping* slender waist.
kecil	*kecil hati* annoyed. *kecil-kecil cabai rawit/ lada api* small but brave. *kecilkan* make small. *kecilkan lampu* turn the light down a bit. *dari kecil* from young. *jalan kecil*

small lane. *perkara/soal kecil* small matters.

kikir	*orang kikir* a stingy person.
cilik	*gadis cilik* a little girl.
kurus	*kurus kering* very thin. *kurus panjang* slender.
hémat	*hémat* save. *hémat cermat* very thrifty. *hémat pangkal kaya* thrifty is the base of wealth. *hémat waktu* save time.
muda	*muda belia/mentah* very young. *muda-mudi* young people. *muda remaja* adolescent. *tua muda* old and young.

30. PROFESSIONS

accountant	*akuntan*
ambassador	*duta*
architect	*arsiték, ahli bangunan*
banker	*bankir, diréktur bank*
broker	*makelar, pialang*
commander	*panglima*
commissioner	*komisaris*
director	*diréktur, pengelola*
doctor	*dokter; doktor*
editor	*redaktur*
employee	*pegawai, karyawan*
engineer	*insinyur*
entrepreneur	*wiraswasta*
journalist	*wartawan*
leader (religion)	*ulama, imam*
lecturer	*dosén, léktor*
librarian	*pustakawan*
merchant	*pedagang, saudagar*
minister	*menteri*
official	*pejabat*
painter	*pelukis*
pilot	*penerbang*
publisher	*penerbit*
specialist	*ahli, pakar*
teacher	*guru, pendidik*
translator	*penerjemah*
writer	*penulis, pengarang*

akuntan	*akuntan publik* public accountant. *akuntan swasta* private accountant. *akuntan umum* general accountant.
duta	*duta besar* ambassador. *duta besar berkuasa penuh* ambassador plenipotentiary. *duta besar istimewa* special envoy. *duta keliling/pengembara* ambassador-at-large. *duta besar luar biasa* extraodrinary envoy. *duta pribadi* personal envoy. *kedutaan* embassy.
arsiték	*arsiték asing* foreign architects. *arsiték interiur* interior designer.
bankir	*bankir kaya* a rich banker. *pemimpin bank* bank director.
makelar	*makelar devisa* foreign exchange broker. *makelar éfék* share broker. *makelar rumah* real estate broker.
panglima	*Panglima Angkatan Bersenjata* Chief of the Armed Forces. *Panglima Angkatan Darat* Chief of the Army. *Panglima Angkatan Laut* Chief of the Navy. *Panglima Angkatan Udara* Chief of the Air Forces. *Panglima Besar/Tinggi* Commander in Chief. *panglima pangkalan* harbour master.
komisaris	*Komisaris Agung/Tinggi* High Commissioner. *Komisaris Amanat* Managing Director. *Komisaris Besar Polisi* Senior Police Commissioner. *Komisaris Polisi Jénderal* Police Commissioner General.

diréktur   *Diréktur Jénderal (Dirjen)* Director General. *Diréktur Pelaksana* Managing Director. *Diréktur Utama (Dirut)* Chief Director.

dokter   *dokter ahli/spesialis* medical specialist. *dokter ahli ilmu bidan dan penyakit kandungan* obstetrician and gynaecologist. *dokter ahli jantung* cardiologist. *dokter ahli kulit* dermatologist. *dokter ahli penyakit dalam* internist. *dokter ahli tulang* orthopaedist. *dokter anak* paediatrician. *dokter bedah* surgeon. *dokter gigi* dentist. *dokter héwan* veterinarian. *dokter jaga* doctor on call. *dokter jiwa* psychiatrist. *dokter kacamata* optician. *dokter kandungan* abortionist. *dokter kuping/telinga* ear doctor. *dokter THT (Telinga, Hidung dan Tenggorokan)* Ear, Nose and Throat specialist. *dokter keluarga* family doctor. *dokter mata* eye doctor/ophthalmologist. *dokter pribadi* personal physician. *dokter umum* general practitioner.

doktor   *doktor ékonomi* Ph.D. in economics. *doktor kehormatan* honorary Ph.D. *gelar doktor* a doctorate degree.

redaktur   *redaktur film* film editor. *redaktur kota* head of city news section. *redaktur malam* night editor. *redaktur olahraga* sports editor.

pegawai   *pegawai administrasi* administractive officer. *pegawai bahasa* language officer. *pegawai bulanan* monthly-rated worker.

pegawai catatan sipil registration officer. *pegawai duane* customs official. *pegawai harian* daily-waged earner. *pegawai kantor* office employee. *pegawai kota praja* municipal employee. *pegawai menengah* middle-rank officer. *pegawai negeri/ pemerintah* civil servant. *pegawai rendah* lower-ranking employee. *pegawai teras* senior employee.

karyawan *karyawan* worker. *karyawan bahari* seaman. *karyawan bank* bank employee. *karyawan inteléktual* intellectual worker. *karyawan lepas* temporary employee. *karyawan pariwisata* tour operator. *karyawan perusahaan* industrial worker. *karyawan risét* research worker. *karyawan tambang* mine worker. *karyawan tetap* permanent employee/staff.

insinyur *insinyur fisika* physical engineer. *insinyur pertambangan* mining engineer. *insinyur pertanian* agricultural engineer. *insinyur sipil* civil engineer. *insinyur utama/kepala* chief engineer.

wiraswasta *wiraswasta pribumi* indigenous entrepreneur.

wartawan *wartawan asing* foreign journalist. *wartawan foto/potrét* photo journalist/ newspaper. *wartawan kawakan* experienced journalist. *wartawan lepas* freelance journalist. *wartawan olahraga* sports correspondent.

ulama *ulama besar* great Muslim scholars. *alim ulama* Muslim religious scholars.

dosén *dosén bahasa* language lecturers. *dosén luar biasa* extraordinary (i.e. part-time) lecturer. *dosén tamu* guest lecturers. *dosén terbang* 'flying' professor, i.e. university professor engaged by more than one institution and flying between them.

léktor *léktor kepala* senior lecturer. *léktor madya* lecturer. *léktor muda* junior lecturer.

pustakawan *pustakawan tua* an old librarian. *kepustakaan* bibliography. *perpustakaan* library.

pedagang *dagang* trade, business. *pedagang acung/asongan* peddler. *pedagang barang rombéngan* junkman. *pedagang besar* big merchant. *pedagang écéran* retailer. *pedagang grosir* wholesale merchant. *pedagang kaki lima* street trader. *pedagang kecil* small merchant/trader. *pedagang menengah* middle-class merchant. *pedagang minuman keliling* street drinks vendor. *pedagang perantara* middleman. *perdagangan* trade.

saudagar *saudagar kain batik* a batik trader.

menteri *Menteri Agama (Menag)* Minister of Religion. *Menteri Dalam Negeri (Mendagri)* Minister of Interior/Home Affairs. *Menteri Luar Negeri (Menlu)*

Minister of Foreign Affairs. *Menteri Kehakiman (Menkeh)* Minister of Law. *Menteri Kehutanan (Menhut)* Minister of Forestry. *Menteri Keséhatan (Menkes)* Minister of Health. *Menteri Kesejahteraan Rakyat (Menkesra)* Minister of Public Welfare. *Menteri Koordinator (Menko)* Co-ordinating Minister. *Menteri Keuangan (Menkeu)* Minister of Finance. *Menteri Koperasi (Menkop)* Minister of Co-operation. *Menteri Muda (Menmud)* Cabinet Secretary. *Menteri Muda Urusan Pemuda dan Olahraga (Menmud Pora)* Minister of State for Youth and Sports. *Menteri Negara (Menag)* Minister of State. *Menteri Pariwisata, Pos dan Teleko-munikasi (Menparpostel)* Minister of Tourism, Post and Telecommunication. *Menteri Pekerjaan Umum (MenPu)* Minister of Public Work. *Menteri Pendidikan dan Kebudayaan (Mendikbud)* Minister of Education and Culture. *Menteri Penerangan (Menpen)* Minister of Information. *Menteri Perdagangan (Memperdag)* Minister of Trade. *Menteri Perhubungan (Menperhub)* Minister of Communication. *Menteri Perindustrian (Menperin)* Minister of Industry. *Menteri Pertahanan dan Keamanan (Menhankam)* Minister of Defence and Security. *Menteri Pertambangan (Menpertam)* Minister of Mining and Energy. *Menteri Pertanian (Mentan)* Minister of Agriculture. *Menteri Sekretaris Negara (Mensekneg)* Minister of State. *Menteri Sosial (Mensos)* Minister for Social Affairs. *Menteri Tenaga Kerja (Menaker)* Minister for Manpower. *Menteri Transmigrasi (Mentras)* Minister for Transmigration. *Perdana Menteri* Prime Minister.

pejabat — *jabat* occupy an office. *pejabat* official. *pejabat hubungan masyarakat* public relation officer. *pejabat negara* state officer. *pejabat penerang* information officer. *pejabat pérs* press officer. *Pejabat Presiden* Acting President. *pejabat sementara* caretaker. *pejabat teras* senior officer. *jabatan* position. *jabatan ketua* chairmanship.

pelukis — *pelukis tempatan* local painter. *melukis* paint.

penerbang — *terbang* fly. *penerbang layang* glider pilot. *penerbang uji* test pilot. *penerbangan* flight.

penerbit — *terbit* publish. *penerbit buku* book publisher. *penerbit majalah* periodical publisher.

ahli — *ahli agama* theologian. *ahli arsip* archivist. *ahli bahasa* linguist. *ahli bangunan* architect. *ahli barang-barang kuno* antiquarian. *ahli bedah* surgeon. *ahli bina wicara* speech therapist. *ahli binatang* zoologist. *ahli cuaca* weatherman. *ahli farmasi* pharmacist. *ahli firasat* physiognomist. *ahli fisikal* physicist. *ahli gizi* nutritionist. *ahli hama* entomologist. *ahli hukum* lawyer,

	jurist. *ahli ilmu falak* occultist. *ahli ilmu keturunan* geneticist. *ahli ilmu pengetahuan* scientist. *ahli ketimuran* orientalist. *ahli negara* statesman. *ahli pendidik* pedagogist. *ahli penduduk* demographer. *ahli penyakit* medical specialist. *ahli penyakit dalam* internist. *ahli perancang fashion* designer. *ahli perbendaharaan* treasury accountant. *ahli peta* surveyor. *ahli politik* politician. *ahli sastra* literary scholar. *ahli sejarah* historian. *ahli siasat* tactician. *tenaga ahli* expert.
pakar	*pakar runding* consultants. *pakar bahasa* language expert.
guru	*guru agama* religious teacher. *guru bantu* assistant teacher. *guru besar* professor. *guru besar luar biasa* extraordinary professor. *guru kepala* principal, headmaster. *guru mengaji* teacher of Qur'anic reading.
penerjemah	*terjemah* translate. *penerjemah bersumpah/resmi* registered translator. *penerjemah lisan* interpreter.
penulis	*tulis* write. *penulis cerita* story writer. *penulis kepariwisatawan* travel writer. *penulis muda* young writers. *penulis résénsi* book reviewer.

31. OCCUPATIONS

agent	*agen, wakil*
assistant	*pembantu*
boxer	*petinju*
cashier	*kasir*
clerk	*kerani, klérek*
constable	*polisi*
craftsman	*tukang, pengrajin*
customer	*langganan*
detective	*mata-mata*
driver	*sopir, pengemudi, pengendara*
expert	*juru-*
farmer	*petani*
guard	*pengawal, penjaga*
guide	*pemandu*
maker	*pembuat*
mechanic	*montir*
messenger	*pesuruh*
principal	*kepala*
sailor	*kelasi, pelaut, matros*
secretary	*sékretaris*
servant	*babu, jongos, pramuwisma*
shopkeeper	*pemilik toko*
specialist	*ahli*
sportsman	*olahragawan*
stewardess	*pramugari*
student	*siswa, murid*
waiter	*pelayan, pramuniaga*

worker — *buruh, pekerja*

agen — *agen dagang* commercial agent. *agen kepala* head agent. *agen perjalanan* travel agent. *agen perkapalan* shipping agent. *agen polisi* policeman. *agen rahasia* secret agent. *agen tunggal* sole agent. *agen umum* general agent.

wakil — *wakit* agent, vice, representative. *wakil tunggal* sole agent. *wakil presiden* vice president. *wakil rakyat* people's representative.

pembantu — *bantu* assist. *pembantu Dékan* deputy Dean. *pembantu editor* assistant editor. *Pembantu Jaksa* Assistant Public Prosecutor. *pembantu khusus* special assistant. *pembantu rumah tangga* domestic help. *pembantu tindak pidana* accomplice. *pembantu utama* chief assistant.

petinju — *tinju* fist. *petinju kelas berat* heavyweight boxer.

kasir — *kas* cash. *kasir* cahier. *bekerja sebagai kasir* work as a cashier.

kerani — *kerani besar* chief clerk.

polisi — *polisi anti-rusuhan* riot police. *polisi berkuda* policeman on horse back. *polisi kesusilaan* vice squard. *polisi khusus* special police. *polisi lalu-lintas* traffic police. *polisi*

	militér military police. *polisi perairan* coastal guard. *polisi rahasia* secret police.
tukang	*tukang* craftsman. *tukang arloji* watch repairer. *tukang asut* agitator. *tukang batu* bricklayer/mason. *tukang besi* blacksmith. *tukang binatu/cuci* laundryman. *tukang boncéng* freeloader. *tukang bubut* fitter. *tukang catut* black marketeer/ticket scalper. *tukang cétak* printer. *tukang copét/cungo* pickpocket. *tukang dagel* clown. *tukang daging* butcher. *tukang disél* engine operator. *tukang emas* goldsmith. *tukang gerobak* craft driver. *tukang gigi* dentist. *tukang gunting* barber. *tukang jahit* tailor. *tukang jambrét* purse snatcher. *tukang jual obat* medicine man. *tukang kayu* carpenter. *tukang kebun* gardener. *tukang las* welder. *tukang loak* secondhand dealer. *tukang listrik* electrician. *tukang masak* cook. *tukang pijat* masseuse. *tukang rém* controller. *tukang rias* make-up artist. *tukang roti* baker. *tukang sampah* garbage man. *tukang sapu* sweeper. *tukang sepéda* bicycle repairer. *tukang silap/sunglap* juggler. *tukang susu* milkman. *tukang tenun* weaver. *tukang todong* gangster.
pengrajin	*rajin* diligent. *pengrajin* craftsman. *pengrajin kuningan* brass artisan. *kerajinan tangan* handicraft.
langganan	*langganan surat kabar* newspaper subscribers. *berlangganan* subscribe. *para langganan* clientele.

sopir — *sopir bécak* a pedicab driver. *sopir témbak* shooting (i.e. temporary) driver. *sopir truk* a truck driver.

pengemudi — *kemudi* helms. *pengemudi mobil* a car driver. *pengemudi pesawat terbang* pilot.

pengendara — *kendara* ride. *pengendara bécak* padicab driver. *pengendara mobil* a car driver. *pengendara sepéda* a bicyclist.

juru — *juru* skill workman. *juruacara* master of ceremonies. *juru anggar* fencer. *juru api* fireman. *juru azan* muezzin. *jurubatu* marine pilot, boatswain. *juru bayar* paymaster. *juruberita* reporter. *juru bicara/cakap* spokesperson. *juru buku* bookkeeper. *juru cacar* vaccinator. *juru damai* peace maker. *jurugambar* illustrator. *juru gudang* store-keeper. *juru kaki* errand. *juruketik* typist. *juru kira* accountant. *juru latih* trainer. *juru lélang* auctioneer. *jurulomba* racer. *juru minyak* oiler. *juru muat* loading clerk. *juru mudi* helmsman. *juru pembahas* commentator. *juru periksa* interrogator. *juru potrét* photographer. *juru rawat* nurse. *jururias* make-up person. *juru runding* negotiator. *Juru Selamat* Saviour. *juru sita* confiscator. *juru taksir* appraiser. *juru télépon* telephone operator. *juru uang* cashier. *juru ukur* surveyor.

petani — *tani* farmer. *petani peternak* stock farmer.

pengawal — *kawal* guard. *pengawal kehormatan* guard

of honour. *pengawal pribadi* personal bodyguard.

penjaga *jaga* guard. *penjaga anak* baby-sitter. *penjaga garis* linesman. *penjaga gawang* goalkeeper. *penjaga kamar* room attendant. *penjaga parkir mobil* parking attendant. *penjaga pintu* door keeper. *penjaga pompa bénsin* gas station attendant. *penjaga télépon* telephone operator.

pemandu *pandu* guide. *pemandu kapal* ship pilot. *pemandu wisatawan* tourist guide. *pemandu putri* girl guide.

pembuat *buat* make. *pembuat gaduh* trouble-maker. *pembuat hujan* rain maker. *pembuat jalan* road builder. *pembuat kebijaksanaan* policy-maker. *pembuat undang-undang* legislator.

montir *montir jam* watch repairer. *montir mobil* car mechanic.

kepala *kepala* head. *kepala bagian* section head. *kepala daérah* district head. *kepala désa* village head. *kepala gudang* warehouse keeper. *kepala kamar mesin* (in ship) chief engineer. *kepala kepolisian* police chief. *Kepala Mahkamah Agung* Chief Justice of the Supreme Court. *kepala negara* head of state. *kepala pasukan* troop commander. *kepala sekolah* headmaster. *kepala stasiun* station master.

kelasi	*kelasi kepala* sailor. *Kelasi I, Kelasi II* apprentice seamen.
sékretaris	*sékretaris eksekutif* executive secretary. *sékretaris jénderal* secretary general. *sékretaris kabinet* cabinet secretary. *sékretaris negara* state secretary. *sékretaris perusahaan* business secretary. *sékretaris pribadi* private secretary. *sékretaris tetap* permanent secretary.
babu	*babu anak* nursemaid. *babu cuci* laundress. *babu dalam* chambermaid. *babu masak* female cook. *babu susu/téték* wet nurse.
jongos	*jongos* houseboy.
pemilik	*milik* possession. *pemilik kapal* shipowner. *pemilik kebun* garden proprietor. *pemilik tanah* landlord. *pemilik toko* shop-keeper/owner.
ahli	*ahli catur* chess-master. *ahli kebatinan* mysticist. *ahli keriting rambut* hair dresser. *ahli listrik* electrician. *ahli mesin* mechanical engineer. *ahli nujum* astrologer. *ahli pahat/patung* sculptor. *ahli pemasang pipa* pipe fitter. *ahli pengamat telapak tangan* palmist. *ahli peta* surveyor. *ahli pidato* orator. *ahli bedah plastik* plastic surgeon. *ahli ronsen* X-Ray specialist. *ahli sanggul* hair stylist. *ahli siasat* tactician. *ahli sihir* magician. *ahli sulap* magician.
olahragawan	*olahraga* sports. *olahragawan* sportsman.

pramugari	*pramugari angkasa* (airline) stewardess. *pramugari darat* ground stewardess.
siswa	*siswa* student. *siswa bidan* student midwife. *siswa SMA* High School student. *siswa tamu* guest student. *mahasiswa* university student.
murid	*murid* pupil. *murid mogol/putus sekolah* drop-out student. *murid sekolah* school children.
pelayan	*melayan* serve. *pelayan bar* bar waiter. *pelayan kabin* cabin boy. *pelayan kantor* office attendant. *pelayan télépon* telephone operator.
buruh	*buruh kantor* white-collar worker. *buruh harian* daily-rated worker. *buruh kasar* manual labourer. *buruh kontrakan* contract worker. *buruh lepas* casual worker. *buruh musiman* seasonal worker. *buruh pelabuhan* dock worker. *buruh tambang* miner. *buruh terlatih* trained worker. *buruh trampil* skilled worker. *tenaga buruh* work force.
pekerja	*kerja* work. *pekerja bangunan* construction worker. *pekerja bulanan* monthly-waged worker. *pekerja kapal* ship builder. *pekerja pabrik* factory worker. *pekerja pelabuhan* harbour worker. *pekerja penuh* full-time worker. *pekerja sambilan* part-time worker. *pekerja sosial* social worker. *pekerja tangan* handicraft worker.

32. TRAVEL AND TRANSPORT

airplane	*pesawat terbang*
baggage	*bagasi, kopor*
bicycle	*sepéda*
boat	*perahu, sampan*
brakes	*rém*
bus	*bis, bus*
car	*mobil*
carpark	*tempat parkir*
coach	*keréta*
customs	*béa, cukai*
engine	*mesin*
fare	*tarif*
guide	*pandu*
horn	*klakson*
passenger	*penumpang*
petrol	*bénsin*
pump	*pompa*
rent	*séwa*
road	*jalan*
ship	*kapal*
station	*setasiun*
taxi	*taksi*
ticket	*tikét, karcis*
timetable	*jadwal*
tour	*wisata*
tourist	*wisatawan, pelancong*
traffic	*lalu-lintas*
transport	*angkutan*

tyre	*ban*
vehicle	*kendaraan*
visit	*kunjungan*
wheel	*roda*

pesawat — *pesawat* machine. *pesawat angkasa luar* spaceship. *pesawat bolak-balik antariksa* space shuttle. *pesawat capung dom* helicopter. *pesawat foto* camera. *pesawat pelatih* trainer plane. *pesawat pembom* bomber. *pesawat pencegah* intercepting plane. *pesawat penerima* radio, radio set. *pesawat pendarat* landing vehicle. *pesawat pengintai* reconnaissance plane. *pesawat penumpang* passenger plane. *pesawat sayap putar/helikopter* helicopter. *pesawat télépon* telephone set. *pesawat televisi* television set. *pesawat tempur* fighter plane. *pesawat terbang/udara* airplane. *pesawat video* video machine.

bagasi — *bagasi cangkingan* hand luggage. *bagasi mobil* boot. *bagasi tercatat* checked baggage.

sepéda — *sepéda balap* racing bicycle. *sepéda biasa* ordinary bicycle. *sepéda kumbang* motorized bicycle. *sepéda mini* mini bicycle. *sepéda motor* motorcycle.

perahu — *perahu bagong* a big boat. *perahu bandung* houseboat. *perahu dayung* rowboat. *perahu golékan* medium-side sailing boat. *perahu*

	lading (small) longboat. *perahu layar* sailing boat. *perahu lepa* dugout. *perahu motor* motorboat. *perahu rakit/sasak* raft. *perahu tambang* ferry boat. *perahu tarik* pull boat (used in canal).
sampan	*sampan lundang* small boat. *sampan pukat* trawler boat. *sampan tunda* towed boat.
rém	*rém angin* air brake. *rém bahaya* emergency brake. *rém cakram* disk brake. *rém tangan* hand brake. *rém torpédo* back-pedalling brake. *minyak rém* brake fluid.
bis	*bis antar kota* intercity bus. *bis kilat* express bus. *bis kota* city bus. *bis malam* night bus. *bis ompréngan* unlicenced bus.
parkir	*parkir taksi* taxi stand. *Dilarang parkir* No parking. *tempat parkir* carpark.
mobil	*mobil acuan* racing car. *mobil baja* armoured car. *mobil balap* racing car. *mobil barang* goods lorry. *mobil dérék* towing lorry. *mobil dinas* office car. *mobil keran* crane lorry. *mobil pakai* used car. *mobil pengangkutan* transport lorry. *mobil penumpang* passenger car. *mobil pribadi* private car. *mobil sakit/ambulans* ambulance. *mobil séwa* rented car. *mobil siram* sprinkler. *mobil sport* sport car. *mobil truk* truck. *mobil umum* public transport/car.
keréta	*keréta api* train. *keréta api barang* goods train. *keréta api cepat* express train. *keréta*

api istiméwa special train. *keréta api listrik* electric train. *keréta api malam* night train. *keréta api ulang-alik* commuter train. *keréta api penumpang* passenger train. *keréta dorong/sorong* trolley. *keréta jenazah/mati/mayat* funeral car. *keréta kebal* armoured car. *keréta tambangan* hired car.

béa   *Béa dan Cukai* Customs Office. *béa ekspor/keluar* export duty. *béa legalisasi* legalization fee. *béa lélang* public auction fee. *béa masuk* import duty. *béa meterai* revenue stamp. *béa pelabuhan* harbour fee. *béa perambulan* beaconage. *béa pindah nama/hak* transfer of title fee.

cukai   *cukai bir* excise on beer. *cukai gula pasir* excise on granulated sugar. *cukai korék api* excise on matches. *cukai minuman keras* excise on spirits. *cukai minyak tanah* excise on paraffin. *cukai tembakau* excise on tobacco, tobacco tax.

mesin   *mesin* machine. *mesin cétak* printing press. *mesin cuci pakaian* washing machine. *mesin gilas/giling jalan* road roller. *mesin hitung* calculator. *mesin jahit* sewing machine. *mesin pelapis* plastic laminator. *mesin pemancang* pile driver. *mesin pencuci piring* dish washer. *mesin perontok padi* paddy thresher. *mesin potong kertas* paper cutting machine. *mesin tik/tulis* typewriter. *mesin uap* steam engine.

tarif   *tarif* fare; cost. *tarif angkutan* rate for

	transporting. *tarif bongkar* cost of unloading. *tarif bis* bus fare. *tarif harga* price list. *tarif makan(an)* menu. *tarif muat* loading cost. *tarif sepur* railroad fare. *pasang tarif* set a price.
pandu	*pandu* guide. *pandu kapal* ship's pilot. *pemandu* guide; chair person. *pemandu wisata* tourist guide.
klakson	*Jangan bunyikan klakson* Don't sound the horn.
penumpang	*tumpang* ride. *penumpang geladak* steerage passenger. *penumpang gelap* a stowaway. *penumpang hotél* hotel guests. *penumpang yang berdiri* standing passenger.
bénsin	*bénsin alam/campuran* mixed petrol. *bénsin murni* pure petrol. *bénsin premium* ordinary petrol.
pompa	*pompa air* water pump. *pompa angin* air pump. *pompa bénsin* gas pump.
séwa	*séwa* rent, hire. *séwa taksi* taxi fare. *séwa menyéwa* hire and puchase. *séwa rumah* rent a house. *keréta séwa/séwaan* car for rent, hired car. *rumah séwaan* a rented house. *tentara séwaan* mercenary.
jalan	*jalan* walk; road. *jalan air* waterway. *jalan angin* air passage. *jalan bahasa* grammar. *jalan bébas hambatan* freeway. *jalan belantan* corduroy road. *jalan bentar* by-pass. *jalan bentuk melingkar* ring road.

jalan besar main road. *jalan buntu* blind alley. *jalan cukai/tol* toll road. *jalan dagang* trade road. *jalan keluar* exit. *jalan layang* overpass. *jalan lingkar* round road. *jalan lingkar lalu-lintas* circuit road. *jalan lintas/penghubung/samping* side/access road. *jalan masuk* entry. *jalan mati* dead end. *jalan menurun* descending road. *jalan naik* ascending road. *jalan pelayaran* maritime route. *jalan péndék* short cut. *jalan pintas(an)* short cut. *jalan raya* highway. *jalan sepéda* bicycle path. *jalan setapak* footpath. *jalan singkat* short cut. *jalan tembus* thoroughfare/through street. *jalan tengah* middle way/road. *jalan tikus/kecil* tiny path. *jalan tol/pungutan* toll road. *jalan urat darah* blood vessel. *jalan utama* main highway.

kapal

kapal angkasa space ship. *kapal angkutan/barang* freighter. *kapal api* steamship. *kapal bajak* pirate boat. *kapal bargas* launch. *kapal bendéra* flagship. *kapal béngkél* repair ship. *kapal cepat* speed boat. *kapal curah* bulk carrier (ship). *kapal dagang* merchant ship. *kapal dayung* rowboat. *kapal induk* aircraft carrier. *kapal karun* sunken ship. *kapal keruk/korék* dredger. *kapal kincir* paddle boat. *kapal komando* flagship. *kapal laut* ocean vessel. *kapal layar* sailing vessel. *kapal liar* tramp ship. *kapal lin* liner. *kapal mél* mail boat. *kapal menyusur* coastal vessel. *kapal meriam* gunboat. *kapal minyak* oil tanker. *kapal motor* motorboat. *kapal mualim/*

forces	*angkatan*
fortress	*bénténg, kubu*
general	*jénderal*
gun	*bedil, senapan*
lieutenant	*létnan*
major	*mayor*
marshall	*marsekal*
military	*militér, tentara*
mine	*ranjau*
officer	*perwira, bintara, opsir*
peace	*damai*
pistol	*pistol*
ranks	*pangkat*
service	*dinas*
sergeant	*sérsan*
soldier	*prajurit*
spy	*mata-mata*
troops	*pasukan*
unit	*kesatuan*
war	*perang*
win	*menang*

ajun   *ajun brigadir* adjunct brigadier. *ajun inspektur* adjunct inspector.

ajudan   *ajudan jénderal* adjutant general.

laksamana   *Laksamana Madya* Vice-Admiral. *Laksamana Muda* Rear Admiral. *Laksamana Pertama* Commodore. *Laksamana Tertinggi* Fleet Admiral. *Laksamana Udara* Air Force General.

armada	*armada* fleet. *armada kecil* flotilla. *armada niaga* merchant fleet. *armada tempur* combat fleet.
senjata	*senjata anti-tank* anti-tank weapon. *senjata api* firearms. *senjata api gelap* illegal firearms. *senjata bahu* rifles. *senjata berat* heavy artillery. *senjata ringan* small arms. *senjata gelap* illegal arms. *senjata nuklir* nuclear weapon. *senjata otomatik* automatic weapon. *senjata tajam* sharp weapon. *bersenjata* armed. *persenjataan* armament. *genjatan senjata* cease-fire. *perlombaan senjata* arms competition.
tentara	*tentara pembébasan* liberation army. *Tentara Nasional Indonesia (TNI)* Indonesian National Army. *tentara payung* paratroop unit. *tentara pendudukan* occupation army. *tentara pilihan* elite troops. *tentara sukaréla* voluntary army. *tentara sekutu* allied forces. *tentara séwaan/upahan* mercenary army. *tentara tetap* regular army. *anggota tentara* member of the army. *bala tentara* troops. *masuk tentara* enter the army.
serang	*serangan balas* counterattack. *serangan pancingan* diverting attack. *serangan jantung* heart attack.
markas	*markas besar* headquarters. *markas komando* command office.
pangkalan	*pangkalan dagang* trade base. *pangkalan*

	induk army base. *pangkalan laut* naval base. *pangkalan militér* military base. *pangkalan peluncur* launch site. *pangkalan rokét* rocket side. *pangkalan udara* air base.
tempur	*médan tempur* battlefield. *pakaian tempur* combat suit. *semangat tempur* fighting spirit.
brigadir	*Brigadir Jénderal* Brigadier-General. *Brigadir Polisi* Police Brigadier.
peluru	*peluru* bullet. *peluru gotri* slug. *peluru kendali* guided missile. *peluru nyasar* stray bullet. *peluru payar* cruise missile. *peluru suar* signal flare. *kena peluru* shot.
kaptén	*kaptén kapal* ship's captain. *kaptén kesebelasan* captain of a football team. *kaptén polisi* police captain. *kaptén tentara* army captain.
merebut	*merebut* capture. *Kita telah berhasil merebut kota itu* We have succeeded in capturing the town.
korban	*korban jiwa/manusia* casualty. *korban perang* war victim. *korban tabrakan* victim of collision.
komandan	*komandan kepolisian* police commandant. *komandan upacara* parade commander.
panglima	*Panglima Angkatan Bersenjata (Pangab)* Chief of the Armed Forces. *Panglima Angkatan Darat (Pangad)* Chief of the Army.

Panglima Angkatan Laut (Pangal) Chief of the Navy. *Panglima Angkatan Udara (Pangau)* Chief of the Air Forces. *panglima armada* fleet commander. *Panglima Besar/Tinggi* Commander in Chief. *Panglima Daérah Militér (Pangdam)* Military Regional Commander. *Panglima Komando (Pangko)* Chief of Commando. *Panglima Komando Pemulihan dan Ketertiban (Pangkokamtib)* Commander for the Restoration of Peace, Security and Order. *Panglima mandala* theatre army commander. *Panglima Tertinggi (Pangti)* Commander in Chief.

komando *Komando Angkata Laut (Koal)* Navy Command. *Komando Daérah Militér (Kodam)* Regional Military Command. *Komando Distrik Militér (Kodim)* District Military Command. *Komando Gabung (Koga)* Joint Command. *Komando Keamanan (Kokam)* Security Command. *Komando Latihan (Kolat)* Training Command. *Komando Pertahanan (Kohan)* Defence Command. *Komando Resimen (Komen)* Regiment Command. *Komando Wilayah (Kowil)* Regional Command.

komisaris *komisaris agung* high commissioner. *komisaris polisi* police commissioner.

kopral *kopral (tingkat) dua* 2nd class corporal. *kopral kepala* master corporal. *kopral taruna* cadet corporal.

korps *Korps Angkatan Darat* Army Corps. *Korps*

Komando Angkatan Laut Marine Corps. *korps diplomatik* diplomatic corps. *korps konsulér* consular corps. *korps medis* medical corps. *korps pegawai negeri* civil servant corps. *Korps Perdamaian* Peace Corps. *semangat korps* esprit de corps.

musuh *musuh bebuyutan* hereditary enemy. *musuh dalam selimut* enemy in blanket, i.e. in disguise. *musuh negara* state enemy. *musuh nomor satu* arch-enemy.

latihan *latihan* training. *latihan badan/jasmani* physical exercises. *latihan berbaris* drill. *latihan dasar* basic training. *latihan gabungan* joint exercise. *latihan kesenjataan* armed exercise. *latihan lapangan* field training. *latihan militér* military exercise. *latihan perang* war exercise. *latihan tempur* combat exercises. *latihan terjun* jumping exercises. *latihan widya yudha* tactical field training. *divisi latihan* training division.

angkatan *angkatan* forces. *angkatan bersenjata* armed forces. *Angkatan Bersenjata Republik Indonesia (ABRI)* Armed Forces of Republic of Indonesia. *Angkatan Darat (AD)* Army. *angkatan kerja* work force. *Angkatan Kepolisian* Police Forces. *Angkatan Laut (AL)* Navy. *angkatan muda* younger generation. *Angkatan Perang* Combat Forces. *Angkatan Udara (AU)* Air Forces.

bénténg *bénténg pertahanan* fortress of defence.

	bénténg politik political fortress.
kubu	*kubu kuat* stronghold. *kubu pertahanan* bunker.
jénderal	*jénderal bintang empat* four-star general. *jénderal gubernur* governor general. *Jénderal Polisi* Police General. *jénderal purnawirawan* retired general. *brigadir jénderal* brigadier-general. *mayor jénderal* major general.
bedil	*bedil angin* air rifle. *bedil besar* cannon. *bedil mesin* machine gun.
senapan	*senapan kembar* double-barrelled shotgun. *senapan lantak/locok* muzzle-loader. *senapan mesin* machine gun.
létnan	*létnan dua* 2nd lieutenant. *létnan jénderal* lieutenant general. *létnan kolonél* lieutenant colonel. *létnan muda* ensign. *létnan satu* first lieutenant.
mayor	*mayor genderang* drum major. *mayor jénderal* major general. *mayor udara* major in the air force.
marsekal	*marsekal madya* lieutenant in the air force. *marsekal muda* major general in the air force. *marsekal pertama* brigadier general in the air force. *marsekal udara* air marshall.
militér	*militér* military. *bendéra militér* military flag. *gerakan cepat militér* military

manoeuvres. *hukum militér* military law. *lambang militér* military symbols. *latihan militér* military exercise. *pakaian militér* military uniforms. *panji militér* military standard. *penasihat militér* military adviser. *pengadilan militér* military court. *polisi militér* military police. *sejarah militér* military history. *taktik/siasat militér* military tactics.

ranjau *ranjau apung* floating mine. *ranjau darat* land mine. *ranjau laut* sea mine.

perwira *perwira* officer. *perwira angkutan* transport officer. *perwira bina rohani* chaplain. *perwira bintara/bawahan* junior/petty officer. *perwira geladak* deck officer. *perwira intelijén* intelligence officer. *perwira intendan* quartermaster. *perwira jabatan* professional officer. *perwira jaga* duty officer. *perwira keséhatan* health officer. *perwira laut* navy officer. *perwira menengah* middle-ranking officer. *perwira militér* military officer. *perwira piket* sergeant of the guard. *perwira pembantu* assisting officer. *perwira penerangan* information officer. *perwira perbekalan* supply officer. *perwira perhubungan* liaison officer. *perwira pérs* press officer. *perwira pertama* first-grade officer. *perwira petugas* duty officer. *perwira protokol/upacara* ceremonial officer. *perwira remaja* young officer. *perwira tinggi* senior officer. *perwira utama* high-ranking officer.

bintara *bintara dan tamtama* enlisted men. *bintara pelatih* officer under training. *bintara tinggi* senior petty officer.

opsir *opsir* officer. *opsir perhubungan* liaison officer. *opsir rendahan* petty officer. *opsir staf* staff officer.

damai *damai di atas bumi* peace on earth. *masa damai* peace time. *secara damai* peacefully.

pistol *pistol air* water pistol. *pistol angin* air pistol. *pistol bius* tear-gas pistol. *pistol mitralyur* submachine gun.

pangkat *pangkat* ranks. *pangkat militér* military ranks: *bintara* warrant officer. *bintara laut* petty officer. *brigadir* brigadier. *jénderal* general. *kaptén* captain. *kolonel* colonel. *komodor* commodore. *kopral* corporal. *laksamana* admiral. *létnan* lieutenant. *mayor* major. *marsekal* marshall. *panglima* commander. *pelaut* seaman, mariner pilot, airman. *perwira* officer. *sérsan* sergeant. *tamtama* private.

dinas *dinas* service; department. *dinas daérah* regional service. *dinas intelijén* intelligence service. *dinas jaga malam* night duty. *dinas kehutanan* forest service. *dinas keséhatan* health service. *dinas pemerintah* government department. *dinas sejarah* history department. *dinas selip* towing service. *dinas tentara* military service. *mobil dinas* officer car. *pekerjaan dinas* official duty.

sedang dinas on duty. *untuk dinas* for official use.

sérsan *sérsan kadét* cadet sergeant. *sérsan kepala* head sergeant. *sérsan mayor* major sergeant. *sérsan satu* first sergeant. *sérsan udara* master sergeant.

prajurit *prajurit biasa* private. *prajurit dua* private. *prajurit kepala* master private. *prajurit penerang* pressman commando. *prajurit satu* first-class private. *prajurit tak dikenal* unknown soldier. *prajurit udara* airman.

pasukan *pasukan amfibi* amphibian troops. *pasukan bantuan* auxiliary troops. *pasukan berkuda* cavalry. *pasukan cadangan* reserve troops. *pasukan inti* main force. *pasukan infantri* infantry. *pasukan keamanan* security forces. *pasukan kehormatan* honour guards. *pasukan khusus/khas* special forces. *pasukan laut* navy. *pasukan lintas udara* air borne troops. *pasukan meriam/artileri* artillery. *pasukan payung* paratroop. *pasukan pemadam api* fire brigade. *pasukan pengintai* reconnaissance troops. *pasukan penyerbu* shock troops. *pasukan pengawal* guards. *pasukan perdamaian* peace-keeping force. *pasukan perhubungan* signal troops. *pasukan pertahanan* defence troops. *pasukan meriam* artillery. *pasukan musik* band. *pasukan tambahan* additional troops. *pasukan tempur* combat troops. *pasukan terpilih* crack troops. *pasukan udara* air force.

perang *perang adu pintér* battle of wits. *perang asabat/saraf* war of nerves. *perang asap* war exercise. *perang atrisi* war of attrition. *perang dingin* cold war. *perang dunia* world war. *perang ékonomi* economic war. *perang gerilya* guerilla war. *perang harga* price war. *perang kemerdékaan* independence war. *perang kilat* blitzkrieg. *perang konvénsional* conventional war. *perang mulut* war of words. *perang nuklir* nuclear war. *perang ofensif* offensive war. *perang pijat kenop* push-button war. *perang sabil/Allah* holy war. *perang saudara/sipil* civil war. *perang tanding* single combat. *perang terbatas* limited war. *perang terbuka* open war. *perang yang berpanjangan* protracted war. *perang-perangan* war games. *latihan perang* war exercise. *latihan perang-perangan* war games exercise.

menang *menang angka* win on the basis of points (in sports). *menang kaya* victorious because of health. *menang mapan* have an advantage over. *menang pangkat* win because of position. *menang perang* win a war. *menang suara* get more voices/vote of support. *menang sendiri* self-serving. *asal menang* win/victory at any cost.

kesatuan *kesatuan* unit. *kesatuan militér* military unit: *batalion* battalion. *company* kompi. *divisi* division. *peloton* platoon. *regu* group. *resimen* regiment. *seksi/skuad* section, squard. *skuadron* squadron.

34. MONEY AND FINANCE

account	*rékening*
budget	*anggaran*
capital	*modal*
cheque	*cék*
claim	*tagihan*
cost	*belanja, ongkos*
credit	*krédit*
currency	*valuta*
debt	*utang*
draft	*wésel*
economy	*ékonomi*
estimate	*taksiran*
exchange, foreign	*dévisa*
fee	*biaya*
figure	*angka*
funds	*dana*
income	*pendapatan*
insurance	*asuransi*
interest	*bunga*
loan	*pinjaman*
loss	*rugi*
money	*uang*
money order	*poswésel*
percentage	*persentasi*
price	*harga, nilai*
profit	*untung, laba*
rate	*kurs, tarif*
salary	*gaji*

savings	*tabungan*
share	*saham, séro, andil*
tax	*pajak*

rékening — *rékening gabungan* joint account. *rékening koran* statement of accounts. *rékening lancar* current account. *rékening listrik* electricity bill. *rékening penjualan* sales account. *rékening tabungan* savings account. *rékening tagihan* claim of payment. *membuka rékening* open an account (with a bank). *nomor rékening* account number.

anggaran — *anggaran belanja* budget. *anggaran belanja seimbang* balanced budget. *anggaran dasar* statutes. *anggaran neraca* balanced sheet budget. *anggaran pendapatan* revenue. *anggaran rumah tangga* house regulations. *anggaran tambahan* supplementary budget. *tahun anggaran* fiscal year.

modal — *modal asing* foreign capital. *modal bergerak* moving capital. *modal dengkul* 'walking' capital, one's own energy. *modal doméstik* domestic capital. *modal kerja* working capital. *modal pemula/awal* initial capital. *modal penyertaan* equity capital. *modal statuter* authorized capital. *modal tetap* real estate.

cék — *cék kosong* bad cheque. *cék mundur* post-dated cheque. *cék pos* postal money order. *cék selang* non-negotiable cheque. *cék wisata/perjalanan* traveller's cheque.

tagihan *tagih* demand. *tagih hutang* demand payment of debts. *tagihan susulan* supplementary claim (or payment).

krédit *krédit berputar* revolving credit. *krédit hipoték* mortgage credit. *krédit invéstasi* investment credit. *krédit jangka panjang/péndék* long/short term credit. *krédit macét* bad debts. *krédit néraca* credit balance. *krédit tanpa bunga* non-interest credit. *krédit verban* credit lien.

belanja *belanja* expenses. *belanja bidan* midwife's expenses. *belanja dapur* kitchen i.e. daily expenses. *belanja mati* fixed expense or wage. *belanja pasar* money for grocery shopping. *belanja rokok* cigarette allowance. *uang belanja* housekeeping money.

ongkos *ongkos* cost. *ongkos administrasi* administration charges. *ongkos éksploitasi* working expenses. *ongkos hidup* living expenses. *ongkos inklaring* customs fees. *ongkos kirim* forwarding, shipping charges. *ongkos makan* food expenses. *ongkos pekerja* workers' salary. *ongkos tambang* freight rate.

valuta *valuta* currency. *valuta asing* foreign currency. *kurs/nilai valuta* exchange rate.

utang *utang budi* indebted to someone's kindness. *utang kanan kiri/sana sini* in debt every where. *utang negara* national debt. *utang nyawa* owe one's life to. *utang piutang* debt owed to and by others, debit and credit.

wésel *wésel* draft money order. *wésel bayar* payable note. *wésel cék* cheque. *wésel tagihan* receivable note. *wésel tunai* demand note. *poswésel* postal order.

ékonomi *ékonomi* economy. *ékonomi keuangan* finance economy. *ékonomi lemah* weak economically. *ékonomi pasar* market economy. *ékonomi perdésaan* village economy. *kebijaksanaan ékonomi* economic policy. *kesulitan ékonomi* economic difficulty. *pertumbuhan ékonomi* economic growth.

taksir *taksir* estimate. *menurut taksirnya* according to his estimation. *taksir kasar* rough estimate.

biaya *biaya administrasi* administration fee. *biaya batas* marginal costs. *biaya fiskal* departure tax. *biaya hidup* cost of living. *biaya kawat/télégram* cable charges. *biaya keseluruhan* total cost. *biaya muat* shipping charges. *biaya nyata* actual expenses. *biaya ongkos* expenses (for court cases). *biaya pelabuhan* harbour fees. *biaya pemeliharaan* cost of maintenance. *biaya pendaftaran* registration costs. *biaya penggudangan* warehouse charges/costs. *biaya penginapan* hotel expenses. *biaya penjualan* marketing/sale costs. *biaya penundaan* towage fees. *biaya perawatan* hospital fees. *biaya perjalanan* travel expenses. *biaya produksi* production costs. *biaya promosi* promotion costs. *biaya serba-serbi* miscellaneous expenses. *biaya tenaga* manpower costs. *biaya tetap* fixed cost. *biaya umum* general costs/expenses. *atas biaya sendiri* at one's own expenses.

angka

angka figure. *angka Arab* Arabic numeral. *angka bulat* round number. *angka dua* superscript. *angka ganjil* uneven number. *angka genap* even number. *angka inflasi* rate of inflation. *angka kelahiran* birth rate. *angka kematian* death figure. *angka penunjuk* number on a dial. *angka Rumawi* Roman numeral. *angka urut(an)* ordinal number. *angka tipis* narrow margin.

dana

dana fund. *dana bantuan* assistance funds. *dana cadangan* reserve fund. *dana pensiun* pension fund. *dana siswa* student bursary. *dana tunjangan* allowance/relief fund.

pendapatan

dapat get. *pendapatan* revenue, income. *pendapatan bébas pajak* tax-exempted income. *pendapatan bersih* net income. *pendapatan perusahaan* operating revenue.

asuransi

asuransi insurance. *asuransi harta benda* property insurance. *asuransi bersama* mutual insurance. *asuransi jiwa* life insurance. *asuransi jiwa kumpulan* group life insurance. *asuransi kebakaran* fire insurance. *asuransi kecelakaan* accident insurance. *asuransi keséhatan* health insurance.

asuransi mobil car insurance. *asuransi selamat berlayar* travel insurance. *asuransi untuk pihak ketiga* third party insurance.

bunga   *bunga* interest. *bunga majemuk* compound interest. *bunga modal* interest on capital. *bunga pinjaman* interest on loan. *bunga tanah* interest on land. *bunga tunggal* simple interest. *bunga uang* interest on money. *suku bunga* interest.

pinjaman   *pinjam* borrow. *pinjaman angsuran* loan which is to be paid back by instalment. *pinjaman bersyarat* conditional loan. *pinjaman jangka panjang/péndék* long/short term loan. *pinjaman lunak* soft loan. *pinjaman tak berbunga* interest-free loan.

rugi   *rugi* loss. *apa ruginya?* what will be the losses? *ganti rugi* compensate. *menderita kerugian* suffer losses. *tak ada ruginya* there is no harm.

uang   *uang adat* customary money. *uang administrasi* administration costs. *uang antaran* bride price. *uang bandar* stake (in gambling). *uang bangku* money paid to gain school admission. *uang bantuan* grant in aid. *uang bedol* money for resettlement. *uang belanja* housekeeping money. *uang berobat* medical expenses. *uang buta* payment for doing nothing. *uang bolong* coin with a hole in the centre. *uang duka* condolence money. *uang hilang/jadi* deposit. *uang jaga-jaga* reserve funds. *uang* *jajan* pocket money. *uang jalan* travel expenses. *uang jaminan* guarantee fee. *uang jasa* money for service done, interest. *uang kancing* security money. *uang kartal* money in circulation. *uang kembali(an)* change. *uang keras* hard currency, i.e. curency which has fixed value. *uang kertas* paper money, bank note. *uang kecil/ récéh* small change. *uang kopi/minum/rokok/sirih* tip, bribe. *uang komisi* commission. *uang kontan/tunai* cash in hand. *uang kuliah* university tuition fee. *uang kunci/tiap* 'key money', i.e. money paid to rent a house. *uang lauk-pauk* food allowance. *uang lelah/ sirih* honorarium. *uang lembur* money for overtime work. *uang lepas/pesangon* golden hand-shake. *uang logam peringatan* commemorative coin. *uang mas ukon* gold coin used as an ornament. *uang mati* money not getting interest. *uang muka* advance payment. *uang nafkah/kehidupan* alimony. *uang pakaian* clothing allowance. *uang panas* hot money. *uang pangkal* admission fee. *uang panjar* down payment. *uang parkir* parking fee. *uang pecahan/susuk* small change. *uang pelicin/sabun/semir/ siluman* bribes. *uang pendaftaran* registration fee. *uang persekot* deposit money. *uang rapat/duduk/sidang* money for attending meeting/conference. *uang saku* pocket money. *uang sekolah* school fees. *uang sogok/suap* bribes. *uang tambang* freight. *keuangan* finance. *mata uang* coin.

perséntase *persén* percent. *perséntase* percentage.

perséntase melék huruf literacy rate. *10 persén* 10%. *dengan persénan* by percentage. *secara perséntase* proportionally.

harga *harga* price. *harga ancer-ancer* suggested retail price. *harga banderol/resmi* official price. *harga bantingan* bargain price. *harga barang* commodity price. *harga bersaing* competitive price. *harga borongan* wholesale price; price contracted for. *harga catut* black-market price. *harga diri* self-respect. *harga écéran* retail price. *harga gelap* black-market price. *harga gila* exorbitan or crazy price. *harga jadi* price agreed upon. *harga jual* sale price. *harga langganan* subscription price/rate. *harga mati/pas* fixed price. *harga melawan* competitive price. *harga obral/murah* cheap sale price. *harga miring* lower price. *harga pasar* market price. *harga patokan* fixed price. *harga pokok* cost price. *harga puncak/tertinggi* ceiling price. *harga satuan* unit price. *harga séwa* rental price. *harga terendah* the lowest price. *dengan harga* at a cost of.

nilai *nilai budaya* cultural value. *nilai dolar* dollar's value. *nilai ganti* replacement value. *nilai gizi* nutritive value.

untung *untung* luck; profit. *untung batu* bad luck. *untung bersih* net profit. *untung kotor* gross profit. *untung jahat* bad luck. *untung malang/nasib* fate. *untung rugi* profit and loss. *untung sabut* good luck. *untungnya* fortunately. *dapat untung* get profit. *membawa/mengadu untung* try one's luck.

laba — *laba* profit. *laba bersih* net profit. *laba kotor* gross profit. *laba perang* war profits. *laba rugi* profit and loss.

kurs — *kurs* rate. *kurs beli* buying rate. *kurs gelap* black-market rate. *kurs jual* selling rate. *kurs paritér* parity rate. *kurs resmi* official rate. *kurs tetap* fixed rate. *kurs unjuk* sight rate. *kurs wésel* exchange rate.

gaji — *gaji* salary. *gaji bersih* net wages. *gaji bulanan* monthly pay. *gaji buta* pay without working. *gaji cuti* vacation salary. *gaji kotor* gross wages. *gaji permulaan* initial wages. *gaji pokok* basic pay. *gaji tetap* fixed salary. *gaji yang dibawa bersih ke rumah* take-home pay.

tabungan — *tabung* tube. *menabung* save. *tabungan mesjid* mosque fund. *tabungan pos* post office bank. *uang tabungan* savings.

saham — *saham* stock. *saham biasa* common stock. *saham prioritas* preferred stock. *saham tanpa nama* stock no bearer. *saham atas nama* registered share. *pemegang saham* shareholder. *bursa éfék* stock exchange.

pajak — *pajak* tax. *pajak orang asing* foreigners' tax. *pajak berdaftar* assessed tax. *pajak gadai* pawn shop. *pajak jalan* road tax. *pajak kekayaan* wealth tax. *pajak kepala* head tax. *pajak langsung* direct tax. *pajak materai* stamp duty. *pajak modal* tax on capital *pajak negeri* government tax. *pajak pendapatan* income tax. *pajak penjualan* sale tax. *pajak perponding* ground tax. *pajak perseroan* corporate tax. *pajak perusahaan* enterprise tax. *pajak potong héwan* slaughter tax. *pajak rumah tangga* household property tax. *pajak tanah* land tax. *pajak tidak langsung* indirect tax.

35. DISEASES AND AILMENTS

abscess	*barah, borok, bisul*
apoplexy	*pitam, ayan, sawan*
cancer	*kanker*
cold	*selésma, pilek*
constipation	*sembelit*
cough	*batuk*
cramp	*kejang*
cure	*sembuh*
diarrhoea	*diare, bérak air, cirit, murus*
dizzy	*pusing, pening*
dysentery	*bérak darah*
faint	*pingsan*
fever	*demam*
illness	*sakit, penyakit*
injury	*luka*
leprosy	*kusta*
lump	*bincul, benjol*
medicine	*obat*
pimple	*jerawat*
pleurisy	*birsam, radang*
poison	*racun*
pressure	*tekanan*
pus	*nanah*
rash	*bintik-bintik*
rheumatic	*éncok*
stroke	*serangan jantung*
swollen	*bengkak*
tuberculosis	*tébése*

barah	*barah* boil, abscess. *barah batu* stone abscess. *barah bir* piles, haemorrhoid. *barah sisip* abscess under the ribs. *borok* pus.
bisul	*bisul* boil. *bisul lada* small boil. *bisul perut* stomach ulcer. *bisul sabut* carbuncle.
pitam	*pitam/sawan babi* epilepsy. *pitam otak* paralytic stroke. *naik pitam* get angry.
sawan	*sawan babi* epilepsy. *sawan bangkai* apoplectic stroke.
kanker	*kanker darah* leukaemia. *kanker insitu/dini* cancer at the beginning stage. *kanker kulit* skin cancer. *kanker payudara* breast cancer. *kanker tulang* bone cancer.
selésma	*demam selésma* influenza.
batuk	*batuk darah* spitting (up) of blood. *batuk kering* dry cough. *batuk pilek* flu-like cough. *batuk rejan/sesak/lelah* whooping cough. *batuk kecil* small cough. *batuk-batuk kambing* cough slightly.
kejang	*kejang* stiff, cramp. *kejang gagau* convulsion. *kejang jantung* angina pectoris. *kejang mulut* lockjaw. *kejang otot* muscles cramp. *mati kejang* to drop dead.

sembuh Dia telah sembuh dari penyakitnya He has recovered from his illness.

diare *diare* diarrhoea.

pusing *pusing kepala* dizzy.

pening *pening kepala* headache. *pening-pening lalat* have a slight headache.

pingsan *jatuh pingsan* faint.

demam *demam berdarah* dengue fever. *demam berganti hari* intermittent fever. *demam dingin* clammy fever. *demam kepialu* typhoid fever. *demam kuning* yellow fever. *demam kura* malaria. *demam panas* feverish. *demam puyuh* slight fever, pretend to have fever. *demam ternak* tick fever.

sakit *sakit* ill; painful. *sakit batuk kering* tuberculosis. *sakit beguk* scrofula. *sakit bedug/gudik* scabies. *sakit bengék/sesak nafas* asthma. *sakit biduren* urticaria. *sakit busung lapar* malnutrition. *sakit cacar* blister. *sakit campak* measles. *sakit darah putih* leukaemia. *sakit eltor* kind of cholera. *sakit gemuk* obesity. *sakit gigi* toothache. *sakit gula* diabetes. *sakit hati* annoyed. *sakit ingatan/pikiran* insane, crazy. *sakit jantung* heart disease. *sakit jembrana* cattle plague. *sakit jirian* spermatorrhoea. *sakit kaki gajah* elephantiasis. *sakit kankar darah* leukaemia. *sakit karang/batu (ginjal)* kidney stones. *sakit kelamin/kotor* venereal disease. *sakit kepala* headache. *sakit keputihan* leucorrhoea. *sakit keturunan* hereditary disease. *sakit kolera/taun* cholera. *sakit koro/impotén* impotence. *sakit kromut/cacar* small pox. *sakit kuning* jaundice. *sakit lambung* gastralgia. *sakit lumpuh separuh* hemiplegia. *sakit mangga* swelling in the groin. *sakit mata* sore eyes. *sakit mulut dan kuku* hoof-mouth disease. *sakit panas* fever. *sakit paru-paru* consumption. *sakit paték* framboesia. *sakit payah/berat* seriously ill. *sakit pembuluh darah* arteriosclerosis. *sakit perempuan* venereal disease. *sakit perut* stomach ache. *sakit pinggang dan pegal* lumbago. *sakit pitam* apoplexy. *sakit sabun* gonorrhoea. *sakit pilek* cold. *sakit sinewen* nervous. *sakit telinga* ear ache. *sakit sendi/tulang* arthritis. *sakit tekanan darah tinggi* hypertension. *sakit tidur* sleepy sickness. *sakit tipus* typhoid. *sakit tua* disease of old age. *sakit usus buntu* appendicitis.

penyakit

penyakit diseases. *penyakit ayan* epilepsy. *penyakit menular* infectious diseases. *penyakit paru-paru* tuberculosis. *penyakit pektai* leucorrhoea. *penyakit pendarahan* haemorrhage. *penyakit saraf* mental disorder.

luka

luka bakar injury from burn. *luka berat/parah* seriously injured. *luka di kantung nasi* stomach ulcer. *luka hati* offended. *luka lécét* abrasion, scrape. *luka sipi* flesh wound.

kusta   *kustawan* male leper.

obat   *obat angin* cough medicine. *obat bius* narcotic. *obat cacing* anthelmintic. *obat dalam/luar* medicine for internal/external use. *obat demam/panas* antipyretic. *obat dokter* medicine prescribed by doctors. *obat guna* charm. *obat kuat* tonic; aphrodisiac. *obat lali* anesthetic. *obat lelah/jerih* medicine for tiredness. *obat mata* eye lotion. *obat mérah* iodine. *obat nyamuk* mosquito coil. *obat pencahar* laxative. *obat pencegah kehamilan* contraceptive. *obat penenang* sedative; tranquillizer. *obat perangsang* drug. *obat tidur* sleeping pills.

jerawat   *jerawat batu* big and hard pimples. *jerawat nasi* small pimples.

radang   *radang* inflammation. *radang amandel* tonsillitis. *radang ginjal* nephritis. *radang hati* hepatitis. *radang kandung empedu* cholesystitis. *radang kura* anthrax. *radang mata* conjunctivitis. *radang paru-paru* pneumonia. *radang gusi* gingivitis. *radang tonsil* angina. *radang umbai cacing* appendicitis.

racun   *racun* poison. *racun tikus* arsenic. *racun hama/serangga* insecticide. *ilmu racun* toxicology.

tekanan   *tekan* press. *tekanan batin* stress. *tekanan darah* blood pressures. *tekanan jiwa* psychological pressure.

nanah	*nanah* pus. *kencing nanah* gonorrhoea.
bintik	*bintik* spot. *bintik-bintik merah* rash.
éncok	*éncok* rheumatic. *kena éncok* suffer from rheumatism.
jantung	*jantung* heart. *jantung cangkokan* transplanted heart. *jantung hati* sweetheart. *jantung kota* city centre. *jantung pisang* banana blossom. *jantung tangan* heel of the hand. *serangan jantung* heart attack.
bengkak	*bengkak* swollen. *bengkak bengkil* lump. *bengkak lapar* malnutrition. *kaki bengkak* swollen leg.
tébése	*tébése* tuberculosis.
puru	*puru koci* syphilitic canker. *puru sembilik* piles. *bunga puru* white spot on skin.

36. BUILDINGS

academy	*akadémi*
bank	*bank*
body	*badan*
building	*bangunan, gedung, wisma*
bungalow	*bungalo*
bureau	*biro*
centre	*pusat*
church	*geréja*
cinema	*bioskop*
council	*déwan*
directorate	*diréktorat*
embassy	*kedutaan besar*
factory	*pabrik*
hall	*balai*
hostel	*asrama*
hotel	*hotél, losman, penginapan*
house	*rumah*
institution	*lembaga, départemén, jawatan*
library	*perpustakaan*
market	*pasar*
mosque	*mesjid, surau, langgar*
museum	*muséum*
office	*kantor*
palace	*istana, kraton*
prison	*penjara, lembaga pemasyarakatan*
school	*sekolah, madrasah, pesantrén, pondok*

shop	*toko, warung, kedai*
stall	*kios*
stadium	*stadion*
temple	*candi, kelénténg, kuil, pura*
town	*kota, bandar*
university	*universitas*

akadémi *akadémi bahasa asing* foreign language academy. *akadémi hukum* academy of laws. *akadémi kepolisian* police academy. *akadémi militér* military academy. *akadémi seni rupa* academy of fine arts.

bank *bank dagang* commercial bank. *bank devisa/devisen* foreign exchange bank. *bank donatir darah* blood bank. *Bank Dunia* World Bank. *bank negara* state bank. *bank pembangunan* development bank. *bank perniagaan/dagang* commercial bank. *bank perwakilan* representative bank. *bank séntral* central bank. *bank sirkulasi* bank of issue. *bank tabungan* savings bank. *Bank Tabungan Pos* Post Office Savings Bank. *bank tani* farmers' bank.

badan *badan* body. *badan hukum* corporate/legal body. *badan intelijén* intelligence agency. *badan keamanan* security body. *badan kerja* working body. *badan kerjasama* cooperate body. *badan koordinasi* coordinating agency. *badan musyawarah* consultative body. *badan pekerja* workers' organization. *badan pelaksana* executive body. *badan penasihat* advisory body. *badan penegak hukum* law enforcement agency. *badan pengaduan* grievance board. *badan pengawal keuangan* audit bureau. *badan pengelola* management body. *badan pengendali* governing body. *badan perencana* planning body. *badan perwakilan* representative body. *badan pimpinan* governing board. *badan pusat* central body. *badan usaha* business concern.

bangunan *bangun* build. *bangunan liar* illegal construction. *bangunan militér* military installation. *bangunan pemerintah* government building.

gedung *gedung bertingkat* multi-storey building. *gedung bicara* law court. *gedung bioskop* cinema. *gedung flat* apartment building. *gedung gajah/arca nama* a name given to the national museum in Jakarta. *gedung induk* main building. *gedung instansi* public building. *gedung jangkung* highrise building. *gedung kesenian* theatre. *gedung olahraga* sport hall. *gedung pencakar langit* skyscrapper. *gedung perkantoran* office building. *Gedung Putih* the White House.

bungalo *bungalo di luar kota* a bungalow outside the city.

biro *biro iklan* advertising bureau. *biro arsiték* architectural bureau. *biro bangunan* builders' office. *biro hubungan masyarakat* public relations office. *biro konsultansi* consultation bureau. *biro penerangan*

	information bureau. *biro penyelidikan* investigation bureau. *Biro Perancang Nasional* National Planning Bureau. *biro perjalanan/wisata* travel bureau. *biro perkawinan* marriage agency. *biro rekélame* advertising bureau.
pusat	*pusat* centre. *pusat dokumentasi* documentation centre. *pusat gempa bumi* epi centre. *pusat kantor* central office. *pusat keséhatan* health centre. *pusat kesenjataan* weaponry centre, *pusat komando* command centre. *pusat komunikasi* communication centre. *pusat keuangan* monetary centre. *pusat latihan* training centre. *pusat pendidikan* education centre. *pusat penelitian* research centre. *pusat pengembangan* development centre. *pusat peralatan* supply centre. *pusat perdagangan* business centre. *pusat perhatian* cynosure; focus of attention. *pusat persendian* encoding centre. *pusat pertokoan/perbelanjaan* shopping centre. *pemerintah pusat* central government. *tali pusat/pusar* umbilical cord.
geréja	*Geréja Katolik* Catholic Church. *Geréja Protéstan* Protestant Church. *kapél/geréja kecil* chapel.
bioskop	*bioskop besar* big cinema. *bioskop bisu* silent cinema. *bioskop misbar/openkap* open-top automobile drive-in theatre.
déwan	*déwan geréja* council of churches. *déwan harian* executive council. *déwan juri* council

of juries. *Déwan Keamanan* Security Council. *déwan kesenian* arts council. *déwan komisaris* board of directors. *déwan mahasiswa* student union. *déwan monetér* monetary board. *déwan nasional* national council. *déwan niaga* board of trade. *déwan pariwisata* tourist board. *déwan pemerintah daérah* provincial council. *déwan penasihat* advisory council. *déwan pengawas* supervisory council. *déwan pengawas keuangan* fiscal auditing office. *déwan penguji* board of examiners. *déwan perancang* planning council. *Déwan Pertahanan Nasional* National Defense Council. *Déwan Pertimbangan Agung* Supreme Advisory Council. *Déwan Perwakilan Rakyat* People's Representative Council, i.e. Indonesian Parliament *Déwan Menteri* Cabinet. *Déwan Pimpinan* Board of Directors. *Déwan Rakyat* People's Council.

diréktorat   *diréktorat jénderal* general directorate. *diréktorat keséhatan* directorate of health. *diréktorat khusus* special directorate. *diréktorat intendas* directorate of quartermasters. *diréktorat pembangunan* directorate of development. *diréktorat pendidikan* council of basic education. *diréktorat samapta kepolisian* directorate of police readiness. *diréktorat reserve* directorate of detective. *diréktorat reboasasi* directorate of reforestation. *diréktorat zeni* directorate of army engineers.

kedutaan   *duta* ambassador. *duta besar* ambassador. *duta besar biasa dan berkuasa penuh* ambassador plenipotentiary and envoy extraordinary. *duta istiméwa* special envoy. *duta keliling/pengembara* travelling ambassador; ambassador-at-large, roving ambassador. *duta pribadi* personal envoy (of president, etc.). *kedutaan asing* foreign embassy. *kedutaan besar* embassy.

pabrik *pabrik kertas* paper mill. *pabrik perakitan* assembly plant. *pabrik percobaan* pilot plant. *pabrik pemasak minyak* oil refinery. *pabrik pemasangan mobil* car assembly plant. *pabrik sabun* soap factory. *pabrik semén* cement factory. *pabrik sepatu* shoes factory.

balai *balai adat* ceremonial hall. *balai agung* grand hall. *balai angin/bayu/peranginan* rest house. *balai apit/tengah* reception hall. *balai astaka* royal viewing hall. *balai budaya* cultural hall. *balai dagang* business hall. *balai derma* charity house. *balai désa* village meeting hall. *Balai Harta Peninggalan* Probate Court. *balai keséhatan* medical clinic. *balai kota* city hall. *balai latihan* training hall. *balai lélang* auction hall. *balai pendidikan* education hall. *balai penelitian* research hall. *balai pengobatan* clinic. *balai perguruan tinggi* university building. *balai pertemuan* assembly hall. *balai prajurit* army's clubhouse. *balai seni* art gallery. *balai senirupa* art gallery. *balai sidang* convention hall. *balai wartawan* press club.

asrama *asrama ABRI* Indonesian army quarters. *asrama mahasiswa* student's hostel.

hotél *hotél megah* luxury hotel. *hotel mercusuar* luxury hotel. *hotel prodéo* free hotel, i.e. prison.

rumah *rumah angker* a haunted house. *rumah bicara* town hall. *rumah bilyar* billiard lounge. *rumah bongkar pasang* prefabricated house. *rumah busana* fashion house. *rumah dinas/instansi* government building. *rumah duka* house of sadness (the deceased's house). *rumah gadai/pajak* pawnshop. *rumah gedang* main house. *rumah gila* mad house. *rumah ibadah* house of worship. *rumah induk* main building. *rumah judi* gambling house. *rumah kaca* glass house. *rumah kembar/kopél* duplex house. *rumah kéong* snail's shell. *rumah kolong* house on poles. *rumah kontrakan* house on contract. *rumah kosong* unoccupied house. *rumah kuning/bordil/panjang/ pelacuran/pelesiran* brothel. *rumah/balai lélang* auction house. *rumah madat* opium den. *rumah miskin* alms house. *rumah monyét/jaga* sentry post. *rumah makan* restaurant. *rumah obat* pharmacy. *rumah susun* flats. *rumah pasung/prodéo* prison. *rumah penginapan/tumpangan* inn. *rumah percontohan* model house. *rumah sakit petirahan* convalescent hospital. *rumah piatu* orphanage. *rumah pijat* massage parlour. *rumah potong/ternak/jagal* slaughter house. *rumah sakit* hospital.

rumah sakit bersalin maternity hospital. *rumah sakit jiwa* hospital for the mentally sick. *rumah sétan* devil's dwelling. *rumah tahanan/tutupan/prodéo/perai* prison.

lembaga *Lembaga Administrasi Negara* Institute of (Public) Administration. *Lembaga Alkitab Indonesia* (Chr.) Indonesian Bible Society. *lembaga agama* religious organization. *Lembaga Bantuan Hukum* Legal Aid Bureau. *lembaga keuangan* financial institution. *lembaga pemasyarakatan* correctional institution, i.e. prison. *lembaga pendidikan* educational institute. *Lembaga Penelitian Penduduk* Demographic Research Institute. *Lembaga Tenaga Atom* Atomic Energy Institute. *Lembaga Tunanétra* Home for the Blind.

départemén *départemén* department. *Départemén Agama (Depag)* Department of Religion. *Départemén Dalam Negeri (Depdagri)* Department of Internal Affairs. *Départemén Luar Negeri (Deparlu)* Department of Foreign Affairs. *Départemén Pendidikan dan Kebudayaan (Depdikbud)* Department of Education and Culture. *Départemén Kehakiman (Depkeh)* Department of Justice. *Départemén Keséhatan* (Depkes) Department of Health. *Départemén Keuangan (Depkeu)* Department of Finance. *Départemén Penerangan (Deppen)* Department of Information. *Départemén Perdagangan (Depdag)* Department of Commerce. *Départemén Pertanian (Departan)* Department of

Agriculture. *Départemén Sosial (Depsos)* Department of Social Services. *Départemén Tenaga Kerja (Depnaker)* Department of Labour.

jawatan   *jawatan* office; division. *jawatan administrasi* administrative service. *jawatan béa dan cukai* customs and excise service. *jawatan imigrasi* immigration service. *jawatan keséhatan* health service. *jawatan luar negeri* foreign service. *jawatan pajak* bureau of internal revenue. *jawatan pelayaran* navigation service. *jawatan penerangan* information service. *jawatan purbakala* archaeological service. *jawatan rahasia* secret service. *jawatan tera* standards office.

perpustakaan   *pustaka* books. *Perpustakaan Nasional* National Library. *kepustakaan* literature. *pustakawan* librarian.

pasar   *pasar amal/derma* fund-raising bazaar. *pasar bébas* free market. *pasar gelap* black market. *pasar induk* main/central market. *pasar kerja* labour market. *pasar lesu* sluggish market. *pasar malam* night market fair. *pasar maling* thieves' market. *pasar modal* (fin.) money market. *pasar pembeli* buyer's market. *pasar pialang* broker's market. *pasar serba ada* supermarket. *pasar swalayan* self-service market. *pasar uang* money market.

mesjid   *mesjid* mosque. *Mesjid Alaqsa* principal

	mosque in Jerusalem. *Mesjid Alharam* principal mosque in Mecca. *mesjid jami(k)* mosque for Friday prayers. *surau/langgar* small mosque.
muséum	*muséum sejarah* museum of history. *muséum seni* arts museum.
kantor	*kantor* office. *kantor bank* bank office. *kantor béa* customs office. *kantor berita* news office. *kantor besar pusat* main office. *kantor cabang* branch office. *Kantor Catatan Sipil* Civil Registration Office. *kantor dagang* business office. *kantor depan* front office. *kantor dinas* government office. *kantor lélang* auction office. *kantor pajak* tax office. *Kantor Pelayan Pajak* Tax Service Office. *kantor penempatan tenaga* employment agency. *kantor pengadilan* court. *kantor perjodohan* matchmaking agency. *kantor perwakilan* representative office. *kantor polisi* police station. *kantor pos* post office. *Kantor Pusat Perbendaharaan* Central Accounting Office. *kantor redaksi* editors' office. *kantor télépon* telephone office.
istana	*Istana Merdéka* Freedom Palace. *Istana Negara* State Palace. *istana olahraga* sports palace. *istana présidén* the president's residence.
penjara	*penjara sélulér* prison with separate cells. *hukuman penjara* imprisonment.
sekolah	*sekolah anak-anak nakal* reform school.

sekolah berasrama boarding school. *sekolah bhayangkara* police college. *sekolah bintara* army school. *sekolah dagang* commercial school. *sekolah dasar* elementary school. *sekolah désa* village school. *sekolah guru* teachers' training college. *sekolah khusus* special school. *sekolah komando* command school. *sekolah lanjutan* secondary school. *Sekolah Menengah Atas (SMA)* Upper Secondary School. *Sekolah Menengah Pertama (SMP)* Lower Secondary School. *sekolah menjahit* sewing school. *sekolah negeri* government school. *sekolah pelayaran* nautical school. *sekolah penerbangan* flying school. *sekolah pertukangan/vak* vocational school. *Sekolah Staf dan Komando* Command and Staff College. *Sekolah Staf Komando Angkatan Darat (Seskoad)* Army Command and General Staff College. *sekolah stir/mengemudi mobil* driving school. *sekolah swasta* private school. *sekolah teknik* technical school. *sekolah umum* public school.

madrasah *madrasah* Islamic religious school. *madrasah aliyah* (Isl.) high school. *madrasah ibtidaiyyah* (Isl.) elementary school. *madrasah jamiah* (Isl.) university. *madrasah tsaniwiyah* (Isl.) secondary school.

toko *toko* shop. *toko barang seni* art shop. *toko bébas béa* duty-free shop. *toko buku* bookshop. *toko emas* jewellery shop. *toko* *loak* second-hand shop. *toko makanan dan minuman* food and beverage store. *toko meubel* furniture store. *toko palén* sundries shop. *toko pengécér* retail shops. *toko penyalur* distributor. *toko piringan hitam* record shop. *toko serba-serbi/serba ada/lengkap* department store. *toko swalayan* self-service supermarket. *pusat pertokoan* shopping centre.

warung   *warung keliling* itinerant food stall. *warung kopi* coffee shop. *warung nasi* food stall. *warung pengécér* retail shop. *warung pinggir jalan* roadside stall.

candi   *candi bentar* split gate to a Balinese temple. *kelénténg Cina* Chinese temple. *kuil Budha* Budhist temple. *pura Bali* Balinese temple.

kota   *kota atas* uptown. *kota bawah* downtown. *kota besar* big city. *kota dunia* metropolis. *kota hujan* 'raining city', another name for Bogor. *kota kecil* small town. *kota kelahiran* native town. *kota kembang* 'flower city', another name for Bandung. *kota kembar* twin city. *kota kosmopolitan* big city. *kota madya* municipality. *kota metropolitan* capital city. *kota pahlawan* 'hero city', another name for Surabaya. *kota pelabuhan* harbour. *kota pelajar* 'student city', another name for Yogya. *kota perdagangan* commercial town. *kota peristirahatan* resort. *kota pinggiran* suburbs. *kota suci* holy city. *kota unggul* chief city. *balai kota* town hall. *bis kota* city bus. *ibu kota* capital city.

bandar *bandar udara (= bandara)* airport.

universitas *universitas negeri* state university. *universitas swasta* private university. *universitas terbuka* open university. *kalangan universitas* university circles.

37. RELIGION

alms	*sedekah*
angel	*malaikat, bidadari*
belief	*kepercayaan, iman, akidah*
blessing	*berkat, rahmat, restu*
ceremony	*upacara*
circumcision	*sunat*
congregation	*jemaah*
creature	*makhluk*
devil	*sétan, iblis*
doctrine	*ajaran*
eternal	*abadi, kekal, baka*
fate	*nasib, kodrat, takdir*
follower	*penganut*
gift	*hadiah, oléh-oléh, karunia, pahala, anugerah*
ghost	*hantu*
God	*Tuhan, Allah, déwa*
heaven	*surga, firdaus, kayangan*
hell	*neraka*
holy	*suci, kudus, keramat*
idol	*berhala*
illegal	*haram*
pillar	*rukun*
priest	*pendéta, paderi*
prophet	*nabi, rasul*
prayer	*doa, sembahyang, salat*
repent	*tobat*
religion	*agama*

scripture	*kitab*
sermon	*khotbah*
sin	*dosa, jahat*
soul	*jiwa, roh, semangat, arwah*
worship	*ibadat, puja, sembah*

sedekah — *sedekah arwah* offering to the departed spirits. *sedekah bumi/désa* thanksgiving offering after harvest. *sedekah kepada orang miskin* alms to the poor. *sedekah kubur* offering at graveyard.

malaikat — *malaikat maut* angel of death. *malaikat pelindung* guardian angel. *malaikat penolong* guiding angel/angel of assistance. *bidadari* fairy.

kepercayaan — *percaya* belief. *kepercayaan kepada Allah* (Isl.) belief in Allah. *kepercayaan diri* self-confidence. *orang kepercayaan* confidant.

iman — *iman yang teguh* strong belief. *menggoyangkan iman* shaken the belief.

berkat — *berkat perkawinan* marriage blessing. *berkat Tuhan* God's blessing. *berkat usaha kita* owing to our effort. *memberi berkat* give blessing.

rahmat — *rahmat Allah* (Isl.) Allah's blessing. *rahmat tersembunyi* blessing in disguise. *berkat rahmat Allah* (Isl.) Thanks to Allah's blessing. *pulang ke rahmat Allah* (Isl.) pass away.

upacara	*upacara agama* religious ceremony. *upacara peringatan kemerdékaan* ceremony in memory of independence. *upacara perkawinan* marriage ceremony. *upacara perlantikan* installation ceremony.
sunat	*bersunat* circumcised. *Anak itu sudah bersunat* The child has been circumcised.
jemaah	*jemaah geréja* parish. *jemaah haji* group of pilgrimage to Mecca.
makhluk	*makhluk anéh* strange creature. *makhluk dini* religious creature. *makhluk halus* supernatural creatures. *makhluk hidup* living creatures. *makhluk ijtimaiah* social animals. *makhluk syahsiah* individual creature. *makhluk Tuhan* God's creatures.
sétan	*sétan jalan* devil on road. *fikiran sétan* evil thought. *kemasukan sétan* possessed by the devil. *lingkaran sétan* vicious circle. *persétan* damn it.
ajaran	*ajar* teach. *ajaran* teaching, doctrine. *ajaran sesat* deviant teaching. *belajar* study.
abadi	*abadi* eternal. *perdamaian abadi* eternal peace. *salam abadi* greetings (in letter).
kekal	*alam kekal* hereafter. *hidup yang kekal* everlasting life. *Tiada yang kekal di dunia ini* There is nothing eternal in this world.
baka	*alam baka* (Isl.) eternity, the hereafter.

nasib	*nasib* fate. *nasib baik* lucky. *nasib buruk/malang/sial* bad luck. *membawa nasib* to try one's luck.
kodrat	*kodrat* God's will. *kodrat alam* natural law/power. *kodrat ilahi* (Isl.) Allah's power.
penganut	*menganut* profess. *penganut agama* religious followers. *penganut garis-keras* hardliner. *penganut grubyuk* blind followers. *penganut politik bébas* neutralist.
hadiah	*hadiah hiburan/setia* consolation prize. *hadiah kerja* bonus. *hadiah Lebaran* gifts for Lebaran. *hadiah pertama* first prize. *hadiah sastra* literary award. *hadiah uang* cash prize.
oléh-oléh	*oléh-oléh* gifts brought back from journey.
karunia	*karunia* grace/gifts from God or kings.
pahala	*pahala* (Isl.) grace from Allah.
anugerah	*anugerah* grace/gifts from God or kings.
hantu	*hantu bungkus/kapan/pocong* a 'shrouded' ghost. *rumah hantu* haunted house.
Tuhan	*Tuhan Allah* God. *Tuhan yang Maha Kuasa* God the Almighty. *Tuhan yang Maha Esa* the One and only God.
Allah	*Allah azza wajalah* Allah Almighty. *Allahu Akbar* Allah is Great. *Allahu alam* Allah

	knows best. *Allah huma* O Allah. *demi Allah* by Allah. *hamba Allah* Allah's servants (mankind). *insya Allah* Allah's willing. *karena Allah* because of Allah. *subhanahu wa taala* Praise to Allah the Most High.
déwa	*déwa* deity. *déwa déwi* god and goddess. *Déwa matahari* Sun God. *uang menjadi déwa* money becomes God.
surga	*surga dunia* a paradise on earth. *surga jannah* (Isl.) paradise in heaven.
neraka	*neraka jahanam* burning hell.
kudus	*kudus* holy. *roh kudus* holy spirit.
suci	*suci* pure, holy. *suci hama* aseptic. *air suci* holy water. *hati suci* pure of heart/motive. *hidup suci* live holily. *orang suci* holy man.
berhala	*berhala* idol. *penyembah berhala* idol worshipper.
halal	*halal bi halal* ask and give forgiveness at Lebaran. *anak halal* legal child. *ditanggung halal* guaranteed permissible. *jalan halal* lawful means. *makanan halal* permissible food.
rukun	*rukun* pillar, principle. *rukun agama* religious principles. *rukun iman* pillar of faith. *rukun tetangga* neighbourhood association. *hidup rukun* live in harmony.

lima rukun Islam five pillars of Islam, i.e. *syahadat* profession of faith, *salat* prayer, *puasa* fasting, *zakat fitrah* paying tithe, and *naik haji* pilgrimage to Mecca.

pendéta *pendéta* Hindu or Buddhist priest. *paderi* Catholic priest.

nabi *Muhammad ialah Nabi dan Rasul terakhir* Muhammad is the last prophet and messenger of Allah. *Nabi Isa* Jesus. *Nabi Musa* Moses. *nabi palsu* false prophet.

doa *doa* prayer. *doa pengasih* prayers of love. *doa restu* blessing. *doa selamat* blessing. *minta doa* ask for blessing.

sembahyang *sembahyang jenazah/mati* prayer for the dead. *Sembahyang Jumaat* Friday prayer. *sembahyang lima waktu* (Isl.) the five obligatory prayers: *[asar* (afternoon), *isya* (evening), *magrib* (sunset), *subuh* (early morning), *zohor* (mid-day),*]*. *sembahyang jemaah* (Isl.) congregational prayers. *sembahyang sunat* optional prayer. *Sembahyang Tarawih* optional evening prayer during fasting month.

tobat *Ia sudah tobat dari kejahatannya* He repented his wickedness.

agama *agama Budha* Buddhism. *agama Islam* Islam. *agama Kristen* Christianity. *masuk agama* to be converted. *memeluk/menganut* embrace/adhere to a religion. *menjalankan*

	agama carry out religious duties.
dosa	*dosa* sin. *dosa asal* (Chr.) original sin (from Adam and Eve). *dosa besar* great sin. *tidak berdosa* innocent.
jiwa	*jiwa* soul, spirit. *jiwa raga* body and soul. *berutang jiwa* owe one's life to. *membuang jiwa* sacrifice one's life. *pencatatan jiwa* census (of population).
roh	*roh* soul, spirit. *roh insani* human spirit. *rohani* spiritual. *hilang rohnya* to die. *pemujaan roh nénék moyang* worshipping ancestor's spirits.
semangat	*semangat* soul, spirit. *semangat bekerja* spirit for working. *semangat berjuang* fighting spirit. *semangat kedaérahan* provincialism.
arwah	*arwah* departed spirit. *Semoga arwahnya diterima di sisi Allah* May his soul be accepted by Allah.
kitab	*kitab suci* holy book. *Alkitab* the Scripture. *kitab Injil* the Bible. *Al-Quran adalah kitab suci umat Islam* The Quran is the holy book of the Muslims.

38. CRIMES AND PUNISHMENT

accused	*terdakwa, tertuduh*
act	*undang-undang*
adultery	*zina*
agency	*instansi*
apparatus	*aparatur*
appeal	*apél*
article	*pasal*
bail	*jaminan*
bribe	*sogok, suap*
court	*pengadilan, mahkamah, méja hijau*
crime	*kejahatan*
defender	*pembéla*
evidence	*bukti*
fine	*denda*
homicide	*bunuh orang*
interrogation	*pemeriksaan*
judge	*hakim*
law	*hukum*
lawsuit, case	*perkara*
lawyer	*pengacara*
legal	*sah*
oath	*sumpah*
pardon	*ampun*
pickpocket	*pencopét*
power	*kuasa*
prosecutor	*jaksa*
regulation	*peraturan*

rights	*hak*
session	*sidang*
thief	*pencuri*
torture	*siksaan*
treason	*khianat*
witness	*saksi*

terdakwa   *mendakwa* accuse. *dakwaan* accusation. *pendakwa* plaintiff. *yang terdakwa* defendant.

tertuduh   *tuduh* accuse. *tuduhan* accusation. *penuduh* prosecutor. *surat tuduhan* accusation letter. *yang tertuduh* the accused.

undang-undang   *undang-undang darurat* emergency regulations. *undang-undang dasar* constitution. *undang-undang hukum pidana* criminal laws. *Undang-undang Ketenagakaryawan* Employment Act. *undang-undang perburuhan* labour laws. *undang-undang perkawinan* marriage law. *undang-undang pokok* basic laws. *rancangan undang-undang* bill.

zina   *zina* illegal sex. *pezina* adulterer. *rumah zina* brothel.

instansi   *instansi pemerintah* government department. *instansi yang berwenang* authoritative agency.

aparatur   *aparat* agency. *aparatur bawahan*

subordinate apparatus. *aparatur negara* state apparatus. *aparatur pemerintah* government servants/agencies.

apél — *apél* appeal. *apél besar* rally. *apél nama* roll call. *apél siaga* call for readiness. *mengapél ke Peradilan Tinggi* to appeal to the High Court. *naik apél/banding* lodge an appeal.

pasal — *pasal* article. *pasal demi pasal* article by article. *pasal enam, ayat satu* article six, sentence one. *pasal pelengkap* addendum. *Itu lain pasal* That is another matter. *Apa pasal?* What is the matter?

jaminan — *jamin* guarantee. *jaminan hak* patent. *jaminan hakcipta* copyright. *jaminan hari tua* old age security. *jaminan hukum* legal guarantee. *jaminan sosial* social security. *penjamin* guarantor. *dengan uang jaminan* on bail.

suap — *suap* bribe. *beri suap* give bribe. *makan suap* take bribe. *uang suap/sogok* bribery money.

pengadilan — *adil* just. *mengadili* hear a case. *Pengadilan Agama* Religious Court. *Pengadilan Ekonomi* Court for Economic Delicts. *Pengadilan Militér* Military Court. *Pengadilan Negeri* District Court. *Pengadilan Tinggi* Tribune of Appeal. *di luar pengadilan* out of court. *dihadapkan ke depan pengadilan* to be summoned to court.

mahkamah	*mahkamah* court of law. *Mahkamah Agung/Tinggi* Supreme Court. *Mahkamah Militér/Tentara* Military Court. *Mahkamah Militér Luar Biasa* Extraordinary Military Tribune. *Mahkamah Syariah* Islamic/Syariah Court.
kejahatan	*jahat* evil. *kejahatan remaja* juvenile delinquency. *kejahatan moral* moral offence. *kejahatan penipuan* fraud.
pembéla	*béla* defend. *pembéla* counsel for the defence. *pembélaan* advocacy.
bukti	*bukti* evidence. *bukti diri* identification card. *bukti garansi* guarantee. *bukti hak* evidence of rights. *bukti pelanggaran/tilang* traffic ticket. *bukti saksi* witness's evidence.
denda	*denda* fine. *denda damai* conciliatory fine. *denda darah* blood money. *denda sepuluh ribu rupiah* a ten-thousand rupiah fine.
bunuh	*bunuh* kill. *bunuh besar-besaran* genocide. *bunuh diri* suicide. *bunuh jamur* fungicide. *bunuh serangga* insecticide. *bunuh waktu* kill time.
pemeriksaan	*periksa* examine. *pemeriksaan buku-buku* audit. *pemeriksaan mayat* autopsy. *pemeriksaan pendahuluan* preliminary investigation. *dalam pemeriksaan* under investigation. *guna menjalani pemeriksaan* in order to be investigated.
hakim	*hakim* judge. *hakim agung* justice of the

hukum — supreme court. *hakim ketua* chief judge. *déwan hakim* jury. *main hakim* take the law into one's hand.

hukum law. *hukum adat* customary law. *hukum acara/tuntutan* law of procedure. *hukum acara pidana* law of criminal procedure. *hukum alam* natural law. *hukum asasi* basic laws. *hukum bunuh/mati* death verdict. *hukum dagang* commercial law. *hukum gantung* sentenced to be hanged (till death). *hukum internasional* international law. *hukum pasung* sentenced to the stocks. *hukum pembuktian* law of evidence. *hukum penjara* imprisonment. *hukum perdata* civil law. *hukum perikatan* contract law. *hukum perjanjian* law of contract. *hukum pernikahan* marriage law. *hukum perselisihan* law of conflict. *hukum pidana* criminal law. *hukum rimba* jungle law. *hukum sanksi* legal sanction. *hukum sipil* civil law. *hukum syarak* Islamic law. *hukum taklik* suspended sentence. *hukum tantra* public law. *hukum tatanegara* constitutional law. *hukum tuntutan* law of procedure. *hukum tutupan* custody. *hukum warganegara* citizenship law. *hukum waris* inheritance law. *hukuman* punishment. *dalam hukuman sel* in solitary confinement. *dikenakan hukuman kurungan* sentenced to imprisonment. *ahli hukum* jurist. *asas hukum* principle of laws. *badan hukum* legal body. *bantuan hukum* legal aid. *ilmu hukum* legal studies. *tata hukum* legal structure. *urusan hukum* judicature.

dapat dihukumkan dengan penjara liable to imprisonment.

perkara *perkara* case. *perkara bandingan* appeal case. *perkara dagang* business matter. *perkara pemerasan* extortion. *perkara sipil/perdata/sengkéta* civil case. *perkara pidana* criminal case. *dapat perkara* involved in a case. *habis perkara* the case/matter is settled. *lain perkara* that is another matter. *kedua belah pihak yang berperkara* the two litigating parties.

pengacara *acara* judicial procedure. *acara pidana* criminal procedure. *pengacara* lawyer.

sah *tidak sah* illegal.

sumpah *sumpah* oath. *sumpah bohong* perjury. *sumpah jabatan* oath of office. *sumpah palsu* false oath. *sumpah pocong* an oath of innocence. *sumpah potong ayam* a chicken-slaughtered oath, formerly practised by the Chinese. *sumpah seranah* all sorts of curses. *sumpah setia* swear allegiance. *dengan sumpah* by swearing. *ikrarkan sumpah* take an oath.

ampun *ampun* pardon. *ampunan umum* general pardon. *minta ampun* ask for pardon. *baunya minta ampun* the smell is terrible. *tanpa ampun* mercilessly.

kuasa *kuasa* power. *kuasa eksekutif/penyelenggara* executive powers. *kuasa gaib* supernatural/magical powers. *kuasa* *kehakiman* judiciary. *kuasa legislatif* legislative powers. *kuasa luas* broad powers. *kuasa mutlak* absolute powers. *kuasa orang tua* parental powers. *kuasa penuh* full powers. *kuasa perundang-undangan* legislature. *kuasa tiada terbatas* unlimited powers. *kuasa tunggal* sole authority. *kuasa usaha* charge d'affairs. *Maha Kuasa* the Almighty. *memberi kuasa* empower. *tak kuasa* powerless.

jaksa *jaksa* prosecutor, attorney. *jaksa agung* attorney general. *jaksa penuntut* prosecuting attorney. *jaksa tinggi* chief of prosecutor. *jaksa umum* public prosecutor.

peraturan *atur* arrange, regulate. *peraturan gaji* salary scale. *peraturan lalu-lintas* traffic regulations. *peraturan menteri* ministerial regulation. *peraturan pembangunan* building regulations. *peraturan pemerintah* government regulations. *peraturan permainan* rules of the games. *peraturan présiden* presidential regulation. *peraturan tatatertib* standing orders. *peraturan tingkah laku* rules of conduct.

hak *hak* right. *hak asasi* basic rights. *hak asasi manusia* basic human rights. *hak berkumpul dan berapat* right of assembly. *hak bersuara* suffrage. *hak cipta* copyright. *hak guna bangunan* building rights. *hak guna usaha* long lease rights. *hak hukum* jurisdiction. *hak ingkar* right of refusal. *hak kasasi* right of annulment. *hak khusus* privilege. *hak kuasa* right of disposal. *hak milik* proprietary rights. *hak mutlak* absolute right. *hak pengarang* copyright. *hak pilih* right to choose. *hak séwa* right to lease.

sidang   *sidang* session, meeting. *sidang hakim* members of the judiciary. *sidang istiméwa majlis* special meeting. *sidang Jumaat* Friday congregation. *sidang paripurna/pléno* full session. *sidang pembaca/pendengar* the readers or audience. *sidang pengarang* the editorial board. *sidang pengurus* board of managers. *sidang ramai* the public audience. *persidangan* meeting. *penyidangan perkara* case on trial.

siksa   *siksa diri* torture oneself. *siksaan batin* mental torture. *siksaan dunia* world's suffering.

khianat   *khianat* treason. *berbuat khianat* commit treason.

saksi   *saksi ahli* expert witness. *saksi bohong/dengkul/dusta/palsu* false witness. *saksi mata* eye witness. *saksi pemberat* witness for the prosecutor. *saksi peringan* witness for the defence. *saksi sah* lawful witness. *saksi syak/yang meragukan* doubtful witness. *naik saksi* become a witness. *uang saksi* money for witness.

39. CONJUNCTIONS

after	*kemudian, seusai, setelah, sesudah*
although	*biarpun, sungguhpun, walaupun, kendati*
and	*dan*
as ... as	*sama dengan*
as if	*seolah-olah, seakan-akan*
as soon as	*demi*
because	*karena, sebab, lantaran, oleh karena/sebab*
but	*tetapi*
even	*sekalipun, meskipun*
except	*melainkan, kecuali*
if	*jika, jikalau, kalau, asalkan*
in order to	*agar, supaya, agar supaya*
however	*namun, tetapi*
like	*sebagai*
or	*atau*
provided that	*asal, lamun*
since	*sejak, semenjak*
supposing that	*andaikata*
then	*lalu, lantas*
till	*sampai, hingga, sehingga*
when	*apabila, bila, waktu, tatkala, ketika*
whereas	*sedangkan, padahal*
while	*sementara, seraya, sembari*

kemudian	*Ia makan, kemudian keluar* He ate and then went out. *Ia makan, kemudian minum* He ate and afterwards drank.
seusai	*Seusai sekolah dia bekerja* After school, he works.
setelah	*Setelah makan dia tidur* After eating he sleeps.
sesudah	*Sesudah itu dia pulang* After that, he went home.
biar	*biar begitu* leave it as it is. *biar dahulu* wait awhile. *Biar kecil dia berani* Although she is small, she is brave. *biar lambat asal selamat* slow but sure. *biar mahal atau murah* be it expensive or cheap. *biar nanti* so that later it would be. *biarin saja* never mind. *biarpun begitu* nevertheless.
sungguh	*sungguhpun begitu* nevertheless. *sungguh-sungguh* seriously. *sesungguhnya* actually. *Sungguhpun mahal, saya beli juga* Although it is expensive, I buy it nevertheless.
walau	*walaupun demikian* nevertheless, yet; in spite of that. *Walaupun dia sakit dia pergi juga* Even though he is ill, he still goes.
kendati	*Kendati ia sakit, ia bekerja juga* Although he was sick, he went to work anyway.
dan	*Dan kalau itu terjadi?* And if that happens?

dan sebagainya et cetera.

selama   *selama* during. *selama hayat di kandung badan* as long as I live. *selama ini* up till now. *selama lima jam* for five hours. *selama-lamanya* forever. *Selama saya berada di luar negeri, dia sering mengirim surat* When I was abroad he always sent letters.

sama dengan   *hidup tanpa harapan sama dengan mati* living without hope is the same as dying.

seolah-olah   *olah gerak* (mil.) manoeuvre. *Dia berkata seolah-olah perusahaan itu dia yang punya* He talked as if the company was owned by him.

seakan-akan   *Ia terus bekerja seakan-akan tak mendengar kawannya* He kept on working as though he did not hear his friend.

demi   *demi segi praktis saja* just for practical reasons. *Demi dilihatnya rumah itu terbakar dia memanggil polisi* As soon as he saw the house on fire, he called the police. *gelas demi gelas* glass after glass. *seorang demi seorang* one by one.

karena   *karena Allah* for Allah's sake. *karena apa* why. *karena dibawa* due to. *karena itu* therefore. *karenanya* therefore. *Dia tak mau makan karena perutnya sakit* He did not want to eat because he had a stomachache. *oleh karena* because.

sebab	*sebab (dan) akibat* cause and effect. *sebab apa* why? *sebab kematian* cause of death. *sebab musabab* various reasons. *sebab penyakit* cause of illness. *sebab perobahan* cause of change. *Dia tak pergi sebab dia sakit* He did not go because he was sick. *oleh sebab* because.
lantaran	*lantaran apa?* why? *Lantaran sakit, dia tidak datang* Because of illness, he did not come.
tetapi	*ada tetapinya* there is a but. *murah tetapi bagus* cheap but nice. *Saya diundang akan tetapi tidak mau datang* I was invited but did not want to go.
sekalipun	*sekali* once. *sekali jalan dengan* along with. *sekali lihat/pandang* at first sight. *sekali lompat* one single leap. *sekali pukul* at one blow. *sekali waktu/témpo* if once. *Sekalipun sakit, ia pergi ke sekolah juga* Even though he was sick, he went to school anyway. *banyak sekali* a lot. *belum sekalipun* never. *dua hari sekali* every other day.
meskipun	*meskipun begitu* nevertheless. *Meskipun hujan, ia berangkat juga* Although it was raining heavily, he departed anyway. *Meskipun susah, dapat juga* Although it was difficult, he succeeded anyhow.
melainkan	*Bukan dia yang bersalah, melainkan saya* It was not him who was guilty but me.

kecuali	*Kecuali minum obat, dia juga harus beristirahat* Besides taking medicine, he must also rest. *tanpa kecuali* without exception. *Semua orang pergi kecuali ibu* Everyone went except mother.
jika, jikalau	*jikalau kiranya* supposing. *jikalau ... sekalipun* even if .... *jika mungkin* if possible. *Jikalau Anda berkenan, parti ini bisa dimulai* If you agree, the party can begin now.
kalau	*kalau begitu* if that is the case. *kalau perlu* if necessary. *kalau saja* if only. *kalau saya ...* as for me .... *kalau tidak* otherwise. *takut kalau ...* afraid that .... *Kalau dia datang, panggillah saya* If he comes, call me.
asalkan	*Kamu boleh pergi asalkan kamu sudah sembuh* You can go, if you have recovered.
agar	*agar supaya* in order that. *Banyaklah makan sayur agar (Anda) selalu séhat* Eat a lot of vegetables so that you'll always be healthy.
supaya	*Minumlah obat ini supaya sembuh* Take this medicine so that (you'll) get well.
namun	*namun apa (juga)* no matter what. *namun begitu* nevertheless. *namun demikian* nevertheless. *Namun apa yang diberikan kepadanya, dia selalu menolak* No matter what was given to him, he always refused it.

sebagai	*Dia memimpin pasukan itu sebagai kapten* He led his troops as captain.
atau	*Wanita atau laki-laki sama saja* Women or men, it is the same.
asal	*asal bapak senang* as long as the boss is happy. *asal damai saja* peace at all costs. *asal saja* anything goes.
lamun	*Saya mau pergi, lamun Anda ikut serta* I want to go provided that you go along.
sejak	*Sejak kecil dia selalu dimanjakan orang tuanya* Since he was small, he was spoiled by his parents.
andaikata	*Andaikata hal ini benar ...* Supposing this is true ....
lalu	*Lalu apa soalnya?* Then, what is the problem? *Mereka datang lalu masuk* They came then entered.
lantas	*Ia pergi dari sini lantas ke rumahnya* She went from here direct to her house.
sampai	*sampai akal* logical. *Sampai bésok!* See you tomorrow! *sampai dengan* up to and including. *sampai kini/sekarang* up till now. *Sampai nanti!* See you later! *sampai ada pemberitahuan lanjut* until there is further notice.
hingga	*hingga bésok* till tomorrow. *hingga kini/*

	sekarang up till now. *Saya bekerja dari pagi hingga petang* I work from morning till afternoon.
sehingga	*Ia makan sehingga ia merasa puas* He ate until he felt satisfied.
apabila	*apabila keadaan mengizinkan* when the situation permits.
bila	*Dia baru menjawab bila ditanya.* He only answered when asked.
waktu	*Waktu engkau datang, saya sedang mandi* When you came, I was bathing. *dalam waktu dekat/singkat* soon. *Jangan bicara dengan sopir waktu bis berjalan* Don't talk to the driver when the bus is moving. *Sewaktu kamu lengah, dia akan memukul kamu* When you were careless, he would hit you.
tatkala	*tatkala itu* at that time. *Ibu saya meninggal tatkala saya masih kecil* My mother passed away when I was still small.
ketika	*Saya sedang mandi ketika dia datang* I was bathing when he came.
sedangkan	*sedang* while. *Bagaimana saya dapat menolong Anda, sedangkan saya sendiri kekurangan* How can I help you while I myself am living in want.
padahal	*Ia pura-pura berani, padahal badannya*

	gementar He pretends to be brave, whereas in fact he is trembling.
sementara	*sementara itu* in the meantime. *Sementara menunggu ibunya, dia mendengarkan radio* While waiting for his mother, he listened to the radio. *laporan sementara* interim report. *tindakan sementara* temporary measure. *untuk sementara (waktu)* for the moment.
seraya	*Ia berkata seraya tersenyum* He said while at the same time smiling.
sembari	*Jangan bercakap sembari makan* Don't talk while eating.

40. ADJECTIVES (IV): MISCELLANEOUS

average	*sedang*
blue	*biru*
broad	*lébar*
cheap	*murah*
concerned	*prihatin*
correct	*betul*
dangerous	*bahaya, gawat*
dark	*hitam*
deep	*dalam*
different	*lain*
even	*genap*
expensive	*mahal*
far	*jauh*
fast	*cepat*
few	*sedikit*
fine	*halus*
funny	*lucu*
heavy	*berat*
high	*tinggi*
light	*ringan*
long	*panjang*
loose	*longgar*
low	*rendah*
many	*banyak*
near	*dekat*
new	*baru*
old	*lama*
red	*mérah*

scare	*langka*
short	*péndék*
slow	*lambat*
tight	*ketat*
white	*putih*
yellow	*kuning*

sedang — *sedang* average. *Baju itu sedang baginya* The shirt just fits him. *Nilainya sedang saja* His marks are average.

biru — *biru cuci* blueing. *biru langit* sky blue. *biru laut* navy blue. *biru legam* black and blue. *biru muda* light blue. *biru sembam/lebam* blackened blue (of bruise). *biru tua* dark blue. *mata biru* blue eyes.

lébar — *lébar mulut* wide mouth, i.e. talkative. *lébar perut* wide stomach, i.e. voracious. *lébar telinga* wide ears, i.e. good hearing. *lébarkan* widen. *jalan lébar* a wide road. *panjang lébar* length and breath.

murah — *murah* cheap. *murah hati* generous. *murah mulut* cheap mouth, i.e. friendly. *murah rezeki* cheap fortune, i.e. rich. *murah senyum/tawa* smiles/laugh readily. *murah tangan* cheap hands, i.e. generous. *murahkan harga* lower the price. *harga murah* cheap price. *jual murah* cheap sale.

prihatin — *prihatin* concerned. *berprihatin* be concerned. *keprihatinan* concern.

memprihatinkan make concerned.

betul *betul* right. *betul tidaknya* the truth. *Alamat itu betul* The address is correct. *betulkan* rectify. *bikin betul* repair. *cerita betul* a true story. *tidak betul* not correct.

bahaya *bahaya* danger. *bahaya kebakaran* danger of fire. *bahaya kelaparan* danger of starvation. *bahaya maut* danger of death. *bahaya ranjau* danger of land mines. *bahaya rugi* risk of financial loss. *bahayakan* endanger. *penyakit bahaya* a dangerous disease. *tanda bahaya* dangerous sign, alarm.

hitam *hitam* black. *hitam berkilat* shining black. *hitam di atas putih* in black and white, i.e. in writing. *hitam jengat/legam/kumbang/lotong* pitch dark. *hitam manis* dark and sweet, i.e. dark and reddish skin. *hitam mata* iris (of the eyes). *hitam pekat* very black/dark. *hitamkan* blacken.

dalam *dalam* deep. *dalam-dalam* very deep. *dalamkan* deepen. *baju dalam* undervest. *orang dalam* insider. *pengetahuan yang dalam* profound knowledge. *penyakit dalam* internal disease. *sungai dalam* a deep river.

lain *lain dari itu* besides. *lain dulu, lain sekarang* different time different manners. *lain hari/bulan/tahun* another day/month/year. *lain kali* next time. *lain orang* another person.

lain tidak nothing else. *tidak lain* none other than.

genap *genap* complete. *genap bulan* one whole month. *genap sepuluh tahun* reach 10 years. *genapkan* make even. *bilangan genap* even number.

mahal *mahal* expensive. *harganya mahal* the price is high (i.e. expensive). *jual mahal* to sell at a high price. *tunjangan kemahalan* living allowance.

jauh *jauh* far. *jauh hati* offended. *jauh malam* late night. *jauh pandangan* far-sighted. *jauh di mata dekat di hati* far but close at heart. *Rumah kami jauh* Our house is far. *sanak saudara yang jauh* distant relatives. *sejauh mata memandang* as far as the eyes can see. *sejauh yang saya ketahui* as far as I know. *tempat yang jauh* a far place.

cepat *cepat* fast. *cepat kaki* swift of foot. *cepat lidah/mulut* fast in tounge/mouth, i.e. to talk rashly. *cepat pikir* think quickly. *cepat tangan* fast in hand, i.e. fond of stealing. *cepat tepat* fast and accurate. *cepatkan* speed up. *lebih cepat lebih baik* the sooner the better. *siapa cepat siapa dapat* whoever is early will get (something).

sedikit *sedikit* a little. *sedikit demi sedikit* little by little. *sedikit lagi* a little more. *sedikit hari lagi* in a few days, before long. *sedikit sebanyak* more or less. *terlalu besar sedikit* somewhat too large.

halus *halus* refined. *bahan halus* fine materials. *bahasa halus* refined language. *batik halus* fine batik. *garam halus* fine salt. *orang halus* a spirit. *suara halus* soft voice.

lucu *cerita lucu* funny stories. *tukang lawak yang lucu* a funny comedian.

berat *berat* heavy. *berat bersih* net weight. *berat bibir/mulut* taciturn. *berat hati* reluctant. *berat kaki/tangan* lazy. *berat kepala* heavy headed. *berat mata* sleepy. *berat otak* worried. *berat sebelah* one-sided. *kelas berat* heavyweight (boxing). *kelebihan berat* overweight. *lebih berat kepada* lean towards. *titik berat* main point. *tugas yang berat* a heavy task.

tinggi *tinggi* high. *tinggi hari* late in the morning. *tinggi hati* arrogant. *tinggi umur* advanced in age. *ketinggian* height. *cakap tinggi* boastful. *harga tinggi* high prices. *pegawai tinggi* high-ranking official. *perguruan tinggi* institute of higher education. *sekolah tinggi* college.

ringan *ringan* light. *ringan kepala* smart. *ringan tangan* quick to help. *ringan tulang* active, hard-working. *ringankan* lighten. *dengan ringan* easily. *harga ringan* moderate price. *minuman ringan* soft drink. *operasi ringan* minor operation or surgery.

panjang *panjang* long. *panjang akal* clever. *panjang lébar* at great length. *panjang ingatan* good memory. *panjang lidah* slandering. *panjang mata* immoral. *panjang tangan* prone to steal. *panjang tungkai* rains. *panjang umur* have a long life. *panjang usus* patient. *panjangkan* lengthen.

longgar *longgar* loose. *baju longgar* a loose dress. *sekrup longgar* a loose screw. *waktu longgar* free time. *undang-undang longgar* lax laws.

rendah *rendah* low. *rendah budi* of low character. *rendah diri* inferiority complex. *rendah hati* modest. *rendah pangkat* low in ranks. *rendahkan harga* lower the price. *harga rendah* low prices. *pandang rendah* look down.

banyak *banyak* many. *banyak anak* many children. *banyak kali* many times. *banyak mulut* loquacious, talkative. *banyak orang* many people. *banyak sedikitnya* amount, extent. *banyak terima kasih* thank you very much. *banyak waktu* a lot of time. *banyakkan* increase. *kebanyakan orang* most people. *orang banyak* the public. *orang kebanyakan* the public.

dekat *dekat jauh* far and near. *pendekatan* approach. *dari dekat* from near. *mata dekat* near-sighted. *sahabat dekat* close friends. *waktu dekat* in a short while.

baru *baru* new. *berita baru* new news. *Dia masih baru di sini* He is still new here. *daging baru* fresh meat. *orang baru* new people. *tahun baru* new year.

lama *lama* old. *belum lama ini* recently. *berapa lama?* how long? *orang lama* an old hand. *penyakit lama* old disease. *sahabat lama* an old friend. *selama lima jam* for five hours. *tak lama kemudian* not long afterward. *tidak lama lagi* before long.

mérah *mérah* red. *mérah bata* brick-red. *mérah bungur* purple. *mérah darah* blood-red. *mérah hati* red as heart. *mérah jambu/muda* pink. *mérah lembayung* crimson. *mérah marak* red as fire. *mérah masak* very red. *mérah muka* red-faced, rather shy. *mérah padam* bright red. *mérah telinga* red ears, i.e. angry. *mérah tua* dark red.

langka *langka* scare, rare. *binatang langka* rare animal. *buku langka* rare book.

péndék *péndék* short. *péndék akal* short-sighted. *péndéknya, péndék kata* in short, in brief. *péndék nafas* short of breath. *péndékkan* shorten. *celana péndék* short trousers. *cerita péndék* short stories. *waktu yang péndék* in a short time.

lambat *lambat laun* gradually, sooner or later. *lambatkan* slow down. *terlambat* late. *biar lambat asal selamat* better safe than late. *paling lambat* the latest.

ketat *ketatkan* tighten. *celana ketat* tight trousers. *dijaga ketat* closely guarded. *seleksi ketat* stringent selection.

putih *putih* white. *putih bersih* pure white. *putih hati* sincere. *putih kuning* cream-coloured. *putih lesi* pale and white. *putih mata* disgraced. *putih mentah* very white. *putih salju* snow white. *putih susu* milk white. *putih telur* egg white. *putih tulang* dead. *putihkan* whiten.

kuning *kuning* yellow. *kuning emas* golden. *kuning gading* cream-coloured. *putih kuning* cream-coloured. *kuning langsat* creamy yellow. *kuning jingga* orange. *kuning telur* egg yolk. *kuning kepodang* bright yellow.

NUMERALS

0 (zero)	nol, kosong
1 (one)	satu
2 (two)	dua
3 (three)	tiga
4 (four)	empat
5 (five)	lima
6 (six)	enam
7 (seven)	tujuh
8 (eight)	delapan
9 (nine)	sembilan
10 (ten)	sepuluh
11 (eleven)	sebelas
12 (twelve)	dua belas
13 (thirteen)	tiga belas
14 (fourteen)	empat belas
15 (fifteen)	lima belas
16 (sixteen)	enam belas
17 (seventeen)	tujuh belas
18 (eighteen)	delapan belas
19 (nineteen)	sembilan belas
20 (twenty)	dua puluh
90 (ninety)	sembilan puluh
100 (one hundred)	seratus
902 (nine hundred and two)	sembilan ratus dua
1.000 (one thousand)	seribu
10.000 (ten thousand)	sepuluh ribu
100.000 (one hundred thousand)	seratus ribu
1.000.000 (one million)	satu juta/sejuta
10.000.000 (ten million)	sepuluh juta
100.000.000 (one hundred million)	seratus juta

million	juta
billion	milyar
½ (half)	setengah
⅓ (one third)	sepertiga
¼ (a quarter)	seperempat
¾ (three quarters)	tiga perempat
first	pertama
second	kedua
third	ketiga
fourth	keempat
fifth	kelima
sixth	keenam
seventh	ketujuh
eighth	kedelapan
ninth	kesembilan
tenth	kesepuluh

INDEX
Indonesian-English Glossary

A

abadi eternal (37)
abang brother (1)
abjad alphabet (11)
acar pickles (12)
ada have (25)
adik brother (1)
adil just (29)
aduk beat (17)
agak quite (20)
agama religion (3)
agar in order to (39)
agungkan glorify (26)
ahli specialist (30), (31)
ahli waris heir (1)
air water (14)
ajaran doctrine (37)
ajudan adjutant (33)
ajun adjunct (33)
akademi academy (36)
akan shall (25)
akar root (15)
akidah belief (37)
aksara letter (11)
aku I, me (2)
akuntan accountant (30)
alam world (21)
alamat address (3)
alas base (7)
alat appliances (8)
alkohol spirits (14)
Allah God (37)

aman safe (22)
amat very (20)
ambil take (4)
amis smelly (18)
ampun pardon (38)
anak child (1)
Anda you, your (2)
andaikata supposing that (39)
anggaran budget (34)
anggota member (3)
anggur wine (14); grape (15)
angin wind (21)
angka figure (34)
angkatan forces (33)
angkuh conceited (29)
angkutan transport (32)
anjing dog (23)
anjurkan suggest (26)
antar deliver (27)
antara between (9)
antré queue up (27)
anugerah gift (37)
apa what (2)
apa pasal how (2)
apabila when (39)
apakah whether (2)
aparatur apparatus (38)
apél appeal (38)
ara fig (15)
arak wine (14)
armada armada, fleet (33)
arsiték architect (30)
arwah soul (37)

asal provided that (39)
asalkan as if (39)
asam tamarind (13)
asap smoke (17)
asin salty (18)
asrama hostel (36)
asyik passionate (24)
atap roof (10)
asuransi insurance (34)
atas above (9)
atau or (39)
awan cloud (21)
awétkan conserve (17)
ayah father (1)
ayam chicken (12)
ayan apoplexy (35)

B

babi pig (12)
babu servant (31)
baca read (28)
badak rhinoceros (23)
badan body (5), (36)
bagaimana how (2)
bagasi baggage (32)
bagi for (9)
bahan material (13)
bahasa language (3)
bahaya dangerous (40)
bahu shoulder (5)
baik well (20); good (22)
baju dress (6)
bak sink (8)
baka eternal (37)
bakar burn; bake (17)
baki tray (8)
bakmi noodle (12)
balai hall (36)
ban tyre (32)

bandar town (36)
bandingkan compare (26)
bangga proud (24)
bangsa race (3)
bangunan building (36)
bangunkan waken (26)
banjir flood (21)
bank bank (36)
bankir banker (30)
bantal pillow (6)
banyak much (20); many (40)
bapak father (1)
barah abscess (35)
barang thing (8)
barangkali perhaps (20)
baru just (20); new (40)
basah wet (18)
basi stale (18)
batang trunk (15)
batu stone (21)
batuk cough (35)
bau smell (25)
bawa carry (27)
bawang onion (13)
bayam spinach (13)
bayar pay (27)
bayi baby (1)
bayu wind (21)
béa customs (32)
béasiswa scholarship (11)
bébas free (22)
bébék duck (12)
bédakan distinguish (26)
bedil gun (33)
begini so (20)
begitu so (20)
béha brassiere (7)
bél bell (10)
belacan condiment (13)
belajar learn (4)
belakang back (5), (9)

belalang grasshopper (23)
belanga pots (8)
belanja cost (34)
beli buy (27)
belimbing starfruit (15)
belukar underbush (15)
belum no, not (25)
benang thread (6)
benar very (20)
benarkan justify (26)
benda/hal thing (8)
bengawan river (21)
bengkak swollen (35)
bénsin petrol (32)
bénténg fortress (33)
bentrokan clash (33)
benua continent (21)
bérak darah dysentery (35)
berangkat leave (4)
berapa how much (2)
beranda verandah (10)
berani courageous (29)
beras (uncooked) rice (12)
berat heavy (40)
berdiri stand (4)
berenang swim (4)
berhala idol (37)
berharga cost (25)
berhenti stop (4)
beri give (28)
berita news (11)
berkat blessing (37)
bersih clean (18)
bertunang engaged (3)
beruk monkey (23)
beruntung lucky (29)
besar big (29)
bésok tomorrow (19)
betik papaya (15)
betul really (20); correct (40)
biarpun although (39)

biasa used to (25)
biaya fee (34)
bibi aunt (1)
bibir lips (5)
bicara speak (4)
bidadari angel (37)
bidang field (11)
bihun noodle (12)
bijan sesame (13)
biji seed (13)
bikin make (17)
bila when (2, 39)
bilang say (4)
bimbang worried (24)
binatang animal (23)
bincangkan discuss (26)
bincul lump (35)
bingung confused (24)
bini wife (1)
bintang star (21)
bintara officer (33)
bintik-bintik rash (35)
bioskop cinema (16), (36)
bir beer (14)
biru blue (40)
biro bureau (36)
birsam pleurisy (35)
bis bus (32)
bisa can (25)
bising noisy (22)
biskut biscuit (14)
bisul abscess (35)
blus blouse (6)
bodoh silly (29)
boléh may (25)
borok abscess (35)
boros squander (27); extravagant (29)
bortel carrots (13)
bosan tired (24)
botol bottle (8)

brigadir brigadier (33)
buah fruit (15)
buana world (21)
buang throw (4)
buat for (9); make (17)
buaya crocodile (23)
bubuk flour (13)
bubur porridge (12)
budaya culture (16)
bujang bachelor (3)
buka open (28)
bukan no, not (25)
bukit hill (21)
bukti evidence (38)
buku book (16)
bulan month (19); moon (21)
bulu hair (5)
buluh bamboo (15)
bumbu spices (13)
bumbui season (17)
bumi earth (21)
buncis beans (13)
bunga flower (15); interest (34)
bungalo bungalow (36)
bunuh kill (28)
bunuh orang homicide (38)
buruh worker (31)
buruk bad (22)
burung bird (23)
busana clothes (6)
busuk smelly (18)
butakan blind (26)

C

cabai mérah chilli (13)
cabang branch (15)
cacah mince (17)
cacing worm (23)
cakap speak (4); capable (25); charming (29)
campur mix (17)
campuran minuman keras cocktail (14)
candi temple (36)
cangkir cup (8)
cantik pretty (29)
capék tired (22)
cék cheque (34)
cekatan skilful (29)
celana trousers (6)
celup dip (17)
cemburu jealous (24)
cempedak jackfruit (15)
cendawan mushrooms (13)
cepat fast (40)
cerai divorced (3)
cerat spout (8)
cerdas intelligent (22)
cerdik intelligent (22)
cérék kettle (8)
cerita story (16)
cermin mirror (7)
cerpu sandal (7)
céwék woman (3)
cicak lizard (23)
cicipi taste (17)
cilik small (29)
cincang mince (17)
cincin ring (7)
cium kiss (28)
coba try (25)
coklat chocolate (14)
congkak conceited (29)
corot spout (8)
cowok man (3)
cuaca weather (21)
cuci wash (28)
cucu grandchild (1)
cuka vinegar (13)
cukai customs (32)

cukup enough (20)
cumi-cumi cuttlefish (12)
curang cunning (29)

D

dada chest (5)
daftar list (11)
daging meat; veal (12)
dahaga thirsty (18)
dahan branch (15)
dahulu before (19)
dalam in, on (9); deep (40)
dalang puppeteer (16)
damai peace (33)
dan and (39)
dana fund (34)
danau lake (21)
dapat can (25); get (28)
dapur kitchen (10)
dara virgin (1)
darat land (21)
dari from, of (9)
daripada than (9)
dasi tie (6)
datang come (4)
dataran plain (21)
daun leaf (13)
dekat near (40)
delima pomegranate (15)
demam fever (35)
demi as soon as (39)
demikian so (20)
denda fine (38)
dengar hear (4)
dengan with, by (9)
depan front (9)
déstar headband (6)
detik second (19)
dévisa foreign exchange (34)

déwa God (37)
déwan council (36)
déwasa adult (3)
déwasa ini nowadays (19)
di in, on, at (9)
dia he, she, it (2)
diam quiet (22)
diare diarrhoea (35)
dinas service (33)
dinding wall (10)
dingin cold (18), (22)
dinginkan chill (17)
dini early (19)
dinihari dawn (19)
diréktorat directorate (36)
diréktur director (30)
doa prayer (37)
dokter doctor (30)
dompét purse (7)
dongéng fable (16)
dorong push (28)
dosa sin (37)
dosén lecturer (30)
duda widower (1)
duduk sit (4)
dulang tray (8)
dulu before (19)
dunia world (21)
duri thorn (15)
duta ambassador (30)

E

éjaan spelling (11)
ékonomi economy (34)
élok pretty (29)
embacang mango (15)
émbér pail (10)
empuk tender (18)
énak delicious (18)

enau sugar palm (15)
encér thin (18)
encok rheumatic (35)
enggan reluctant (24)
engkau you, your (2)
eratkan tighten (26)
és ice (14)

F

fajar dawn (19)
famili family (1)
fasih fluent (24)
faraj female genital (5)
film film (16)
firdaus heaven (37)

G

gadis virgin (1)
gado-gado salad (13)
gadungan false (22)
gajah elephant (23)
gaji salary (34)
galak fierce (29)
gambar picture (11)
gampang easy (22)
ganas fierce (29)
gang passage way (10)
ganti change (27)
garam salt (13)
garami to add salt (17)
garang fierce (29)
garasi garage (10)
garpu fork (8)
gaun gown (6)
gawat dangerous (40)
gedung building (36)
gelang bracelet (7)

gelar title (3)
gelas glass (8)
geli amused (24)
gelisah nervous (29)
gemar fond of (24)
gembira cheerful (29)
gemuk fat (29)
genap even (40)
gendut fat (29)
genting tiles (10)
geréja church (36)
getah rubber (15)
giat active (29)
gigi teeth (5)
gigit bite (28)
gila crazy (24)
giling grind (17)
girang happy (24)
golongkan classify (26)
gordén curtain (6)
goréng fry (17)
gudang store (10)
gugup nervous (29)
gula sugar (14)
guna for (9)
gunting scissors (7)
gunung mountain (21)
guru teacher (30)
gusar angry (29)

H

hadapan front (9)
hadiah gift (37)
hak rights (38)
hakim judge (38)
halaman yard (10)
halau chase (28)
halia ginger (13)
halus fine (40)

hampa empty (18)
hampir almost (20)
handuk towel (7)
hantu ghost (37)
haram illegal (37)
harap hope (25)
harga price (34)
hari day (19)
hari lahir birthday (3)
harimau tiger (23)
harum fragrant (18)
harus must (25)
hati liver (5), (12)
haus thirsty (18)
hawa air (21)
hém shirt (6)
hémat thrifty (29)
hendak wish (25)
héran amazed (24)
hiburan entertainment (16)
hidung nose (5)
hidup live (4)
hilang disappear (4)
hilir estuary (21)
hingga till (39)
hitam dark (40)
hitung count (27)
hotél hotel (36)
hujan rain (21)
hukum law (38)
huruf letter (11)
hutan forest (21)

I

ia he, she, it (2)
ibadat worship (37)
ibu mother (1)
iblis devil (37)
ijazah diploma (11)
ikan fish (12)
ikat kepala headband (6)
ikhlas sincere (29)
ikhtisar summary (16)
iklan advertisement (11)
iklim climate (21)
ikut follow (28)
ilmu knowledge (11)
imam leader (in Islam) (30)
ingatkan warn (26)
ingin wish (25)
ini this (2)
insinyur engineer (30)
intan diamond (7)
ipar in-laws (1)
iris slice (17)
isi fill (17)
istana palace (36)
istri wife (1)
itik duck (12)
itu that (2)

J

jadi become (25)
jadwal timetable (32)
jaga watch (28)
jagung corn (13)
jahat sin (37)
jahé ginger (13)
jahit sew (28)
jakét jacket (6)
jaksa prosecutor (38)
jalan road (32)
jalankan perform (26)
jam hour (19)
jambu guava (15)
jamin guarantee (27)
jaminan bail (38)
jamu herbal tonic (14)

jamur mushrooms (13)
janda widow (1)
janggut beard (5)
janji promise (27)
jarang seldom (20)
jari fingers (5)
jarum pin (7)
jas coat (6)
jatuh fall (4)
jauh far (20), (40)
jejaka bachelor (3)
jelas clear (22)
jelék bad (22)
jelita pretty (29)
jembatan bridge (10)
jemu tired (24)
jendéla window (10)
jénderal general (33)
jéngkél annoyed (22)
jerawat pimple (35)
jeruk citrus (15)
jijik disgusted (24)
jikalau if (39)
jinak tame (22)
jintan cumin (13)
jiwa soul (37)
jongos servant (31)
jual sell (27)
juga too (20)
jujur honest (29)
jumpa meet (28)
juru- expert (31)
jurusan field (11)
jus juice (14)

K

kabut fog (21)
kaca mata glasses, spectacles (7)
kacang beans (13)

kagét startled (24)
kagum amazed (24)
kain cloth (6)
kakak brother (1)
kakék grandfather (1)
kaki foot, leg (5)
kaku stiff (22)
kala jengking scorpion (23)
kalah defeated (33)
kalau if (39)
kaléng tin (8)
kalian (pl.) you, your (2)
kalung necklace (7)
kamar room (10)
kambing goat (12)
kami we, us (2)
kamu you, your (2)
kamus dictionary (16)
kancil mousedeer (23)
kancing button (6)
kangkung water convolvulus (13)
kanker cancer (35)
kantung pocket (6)
kantor office (36)
kapal ship (32)
kapan when (2)
kaptén captain (33)
karangan article (11)
karcis ticket (32)
karena because (39)
karét rubber (15)
kari curry (13)
kartu card (11)
karunia gift (37)
karyawan employee (30)
kasir cashier (31)
kasur mattress (6)
kata say (4)
katak frog (23)
kaus socks (6), (7)
kawan friend (3)

kawat wire (10)
kawin marry (3)
kaya rich (29)
kayangan heaven (37)
kayu wood (15)
ke to (9)
kebaya blouse (6)
kebun plantation (15)
kecéle disappointed (22)
kecéwa disappointed (22)
kecil small (29)
kecuali except (9), (39)
kedutaan besar embassy (36)
kejahatan crime (38)
kejang cramp (35)
kejar chase (28)
kéju cheese (14)
kejut startled (24)
kekal eternal (37)
kelamin sex (3)
kelapa coconut (15)
kelamkan darken (26)
kelasi sailor (31)
keliru erroneous (24)
keluar exit (4)
keluarga family (1)
kemaluan genitals (5)
kemenakan nephew (1)
kemarin yesterday (19)
kemas neat (22)
kembalikan refund (27)
kembang flower (15)
keméja shirt (6)
kemudian afterward (19); after (39)
kenal know (28)
kenapa why (2)
kendati although (39)
kendaraan vehicle (32)
kendi pot (8)
kendurkan slacken (26)
kental thick (18)

kentang potato (12)
kenyang full (18)
kepada to (9)
kepala head (5); principal (31)
kepala susu cream (14)
kepercayaan belief (37)
kepiting crab (12)
kera monkey (23)
keramat holy (37)
kerani clerk (31)
keras hard (18)
keréta coach (32)
kering dry (18)
kerja job (3)
kertas paper (11)
kesatuan unit (33)
ketat tight (40)
kétél kettle (8)
ketika moment (19), (39)
ketua head (3)
khianat treason (38)
kikir stingy (29)
kini now (19)
kipas fan (7)
kira think (4); count (27)
kirim send (27)
kita we, us (2)
kitab book (16), scripture (37)
klakson horn (32)
klérek clerk (31)
kocok stir (17)
kodok frog (12), (23)
kodrat fate (37)
kol cabbage (13)
kolot conservative (24)
komandan commandant (33)
komando commando (33)
komisaris commissioner (30), (33)
kompor stove (8)
kopi coffee (14)
kopiah cap (7)

kopor suitcase (7), baggage (32)
kopral corporal (33)
korban casualty (33)
korps corps (33)
kosong empty (18)
kota town (36)
kotak box (8)
kotor dirty (18)
kraton palace (36)
krédit credit (34)
krokét croquette (12)
kuah soup (13)
kuala estuary (21)
kuali pan (8)
kuasa power (38)
kuat strong (22)
kuatir worried (24)
kubis cabbage (13)
kuda horse (23)
kubu fortress (33)
kucing cat (23)
kudapan snacks (12)
kudus holy (37)
kué cake (14)
kuku nail (5)
kukus steam (17)
kuliah lecture (11)
kulit skin (15)
kuliti peel (17)
kumbang bee (23)
kunang-kunang firefly (23)
kunci key (7)
kuning yellow (40)
kunjungan visit (32)
kunyit tumeric (13)
kupas peel (17)
kuping ear (5)
kupu-kupu butterfly (23)
kura-kura turtle (23)
kurang less (20)
kurma dates (15)

kurs rate (34)
kursi chair (7)
kurus thin (29)
kusta leprosy (35)
kutang brassiere (7)
kutu bug (23)

L

laba profit (34)
labah-labah spider (23)
labu gourd (13)
lada pepper (13)
lafaz/ucapan pronunciation (11)
lagu songs (16)
lahap gluttonous (18)
lain different (40)
laki husband (1)
laki-laki man (3)
lakon drama (16)
laksamana admiral (33)
lakukan perform (26)
lalai careless (24)
lalat fly (23)
lalu then (39)
lalu-lintas traffic (32)
lama old (40)
lambat slow (40)
lampu lamp (7)
lamun provided that (39)
lancar fluent (24)
langganan customer (31)
langgar break (28); mosque (36)
langka scare (40)
langit sky (21)
langsing slim (29)
lantai floor (10)
lantaran because (39)
lantas then (39)
lapang relieved (24)

lapangan field (11)
lapar hungry (18)
laporan report (11)
lari run (4)
larut dissolve (17)
latihan exercise (33)
lauk dish (12)
laut sea (21)
lawan enemy (33)
layak suitable (22)
layan serve (27)
layar screen (16)
lebah bee (23)
lébar broad (40)
lebih more (20)
léga relieved (24)
léhér neck (5)
léktor lecturer (30)
lelah tired (22)
lemah weak (22)
lemak oil (12)
lemari cupboard (10)
lembaga institution (36)
lembah valley (21)
lembu cow (23)
lembut soft (18)
lempar throw (4)
lengan arm (5)
letih tired (22)
létnan lieutenant (33)
lepaskan free (26)
léwat through (9)
lezat delicious (18)
licik cunning (29); slippery (22)
licin slippery (22)
lidah tongue (5)
lihat look (25)
limau citrus (15)
lincah active (29)
lipan centipede (23)
lipas cockroach (23)

listrik electricity (10)
loba greedy (29)
lobak raddish (13)
lokék stingy (29)
lompat jump (4)
longgar loose (40)
lorong passage way (10)
luar out (9)
luas broad (22)
lucu funny (40)
luka injury (35)
lukis draw (28)
lukisan painting (16)
lumpia spring rolls (14)
lumut moss (15)
lupa forget (28)
lusa day after tomorrow (19)

M

maafkan forgive (26)
mabuk drunk (18)
macan tiger (23)
madrasah school (36)
mahal expensive (40)
mahir skillful (29)
mahkamah court (38)
main play (4)
majalah periodical (11)
makan eat (4)
makanan food (12)
makelar broker (30)
makhluk creature (37)
makmur prosperous (22)
malaikat angel (37)
malam night (19)
malas lazy (29)
malu-malu shy (29)
mampu capable (25); rich (29)
mana where (2)
mandi bathe (4)

329

mangga mango (15)
mangkuk bowl (8)
manis sweet (18)
marah angry (29)
marica pepper (13)
markas barracks (33)
marsekal marshall (33)
mas brother (1)
masa age; time (19)
masak cook (17); ripe (18)
masam sour (18)
masih still (20), (25)
masing-masing each (2)
masuk enter (4)
masyhur famous (29)
mata eyes (5)
matahari sun (21)
matang ripe (18)
mati die (4)
mau wish (25)
mayor major (33)
mbok aunt (1)
méga cloud (21)
méja table (7)
méja hijau court (38)
meladéni serve (27)
melainkan except (39)
melalui through (9)
membudakkan enslave (26)
menang win (33)
menari dance (4)
mengapa why (2)
mengenai about (9)
mentah raw (18)
mentéga butter (12)
menteri minister (30)
mentimun cucumber (13)
menuju towards (9)
menurut according (9)
menyanyi sing (4)
mérah red (40)

merebut capture (33)
meréka they (2)
merpati pigeon (23)
mertua in-laws (1)
mesin engine (32)
meskipun even (39)
mesjid mosque (36)
mesti must (25)
mie noddle (12)
militér military (33)
minggu week (19)
minta ask (28)
minum drink (4)
minyak oil (12)
minuman drink (14)
miskin poor (29)
mobil car (32)
modal capital (34)
montir mechanic (31)
monyét monkey (23)
muara estuary (21)
muat contain (25)
muda young (29)
mudah easy (22)
mujur lucky (29)
muka face (5)
mulut mouth (5)
mungkin perhaps (20)
murah cheap (40)
murid student (31)
murni pure (18)
murus diarrhoea (35)
musang civet (23)
musim season (19)
muséum museum (36)
musuh enemy (33)

N

nabi prophet (37)

naik increase (4)
nama name (3)
nampaknya look (25)
namun however (39)
nanah pus (35)
nanas pineapple (15)
nangka jackfruit (15)
nanti later (19)
nasi (cooked) rice (12)
nasib fate (37)
nasihatkan advise (26)
naskah manuscript (16)
nécis neat (22)
negara country (3)
negeri country (3)
nékat determined (24)
nénék grandmother (1)
néraca scales (8)
neraka hell (37)
ngeri horrified (24)
nikah marry (3)
nilai price (34)
niscaya certainly (20)
Nona Miss (2)
nyalakan light (17)
nyamuk mosquito (23)
nyanyian songs (16)
nyiur coconut (15)

O

obat medicine (35)
olahragawan sportsman (31)
oléh by (9)
oléh-oléh gift (37)
om uncle (1)
omong speak (4)
onak thorn (15)
ongkos cost (34)
orang person (2)
orang tua parent (1)
otak brain (12)

P

pabrik factory (36)
pada at, in, on (9)
padahal whereas (39)
padang field (21)
padi paddy (12)
pagar fence (10)
pagi morning (till 10 a.m.) (19)
paha thigh (5)
pahit bitter (18)
pajak tax (34)
pakai wear (28)
pakaian clothes (6)
pakar specialist (30)
paling most (20)
palsu false (22)
paman uncle (1)
paméran exhibition (16)
panas hot (18)
panaskan heat (17)
panci pan (8)
pandai clever (29)
pandu guide (32)
panggang grill, roast (17)
panggil call (28)
pangkalan base (33)
pangkat rank (33)
panglima commander (30), (33)
panjang long (40)
panjat climb (28)
pantai beach (21)
pantat buttock (5)
papa poor (29)
papan board (10)
paru-paru lungs (5)
pasal article (38)

pasangan (suami istri) couple (3)
pasar market (36)
pasti certainly (20)
pasukan troops (33)
patah break (27)
patut ought to (25)
pecah break (27)
pedagang merchant (30)
pedas hot (18)
peduli care (24)
pegang hold (28)
pegawai employee (30)
pejabat official (30)
peka sensitive (24)
pekarangan yard (10)
pekerja worker (31)
pelabuhan harbour (21)
pelajaran lesson (11)
pelancong tourist (32)
pelayan waiter (31)
pelit stingy (29)
pelukis painter (30)
peluru bullet (33)
pemandu guide (31)
pembaca reader (16)
pembéla defender (38)
pembuat maker (31)
pembuka opener (8)
pemeriksaan interrogation (38)
pemilik toko shopkeeper (31)
penat tired (22)
pencopét pickpocket (38)
pencuri thief (38)
pendapatan income (34)
péndék short (40)
pendéta priest (37)
pendidik teacher (30)
pendidikan education (11)
penduduk inhabitant (3)
penerbang pilot (30)
penerbit publisher (30)

penerjemah translator (30)
pengacara lawyer (38)
pengadilan court (38)
pengajaran instruction (11)
penganan snacks (12)
pengantin wanita/perempuan bride (1)
pengarang writer (30)
penganut follower (37)
pengawal guard (31)
pengelola director (30)
pengemudi driver (31)
pengendara driver (31)
penghulu village head (3)
penghuni inhabitant (3)
pening dizzy (24), (35)
peniti pin (7)
penjaga guard (31)
penjara prison (36)
penuh full (20)
penulis writer (30)
penumpang passenger (32)
penyapu broom (10)
penyu turtle (23)
perahu boat (32)
perang war (33)
peranjat startled (24)
peraturan regulation (38)
perawan virgin (1)
perayaan festival (16)
perempuan woman (3)
pergelaran performance (16)
pergi go (4)
perhubungan communication (11)
perigi well (10)
perintahkan order (26)
periuk pot (8)
peristiwa event (16)
perkara lawsuit, case (38)
perkedél croquette (12)
perlu need (25)

pernah ever (20)
perpustakaan library (36)
persentase percentage (34)
persis exactly (20)
persoalkan dispute (26)
pertengkarkan dispute (26)
pertimbangkan consider (26)
pertunjukan performance (16)
perut stomach (5)
perwira officer (33)
pesan order (27)
pesantrén (Islamic) village school (36)
pesawat terbang airplane (32)
pesisir coast (21)
pesuruh messenger (31)
peta map (11)
petang afternoon (19)
petani farmer (31)
peti chest (7)
petinju boxer (31)
petis condiment (13)
piala cup (8)
pialang broker (30)
pici cap (7)
pilek cold (35)
pilih choose (27)
pinang areca nut (15)
pindah move (28)
pinggan dish (8)
pinggang waist (5)
pingsan faint (35)
pinjaman loan (34)
pintar clever (29)
pintu door (10)
pipi cheek (5)
piring plate (8)
pistol pistol (33)
pisang banana (15)
pisau knife (8)
pita ribbon (7)

pitam apoplexy (35)
pohon tree (15)
polisi constable (31)
pompa pump (32)
pondok (Islamic) village school (36)
pos post (11)
potong cut (17)
prajurit soldier (33)
pramugari stewardess (31)
pramuniaga waiter (31)
prihatin concerned (40)
puaskan satisfy (26)
pucuk sprout, shoot (15)
pulang return (4)
pulau island (21)
pundak shoulder (5)
punggung back (5)
punya have (25)
puru ulcer (35)
pusat centre (36)
pusing dizzy (24), (35)
pustakawan librarian (30)
putih white (40)
putra son (1)
putri daughter (1)
putus break (27)
putuskan decide (26)

R

racun poison (35)
radang pleurisy (35)
rahmat blessing (37)
rajin diligent (29)
rakus gluttonous (18)
rama-rama butterfly (23)
ramai noisy (22)
ramalkan predict (26)
rambut hair (5)
ramping slim (29)

rampungkan finished (26)
randau mix (17)
ranjang bed (7)
ranjau mine (33)
rantai chain (7)
ranting twig (15)
rapi neat (22)
rasa feel, taste (25)
rasul prophet (37)
ratakan flatten (26)
rayap termite (23)
rebus boil (17)
redaktur editor (30)
rekan friend (3)
rékening account (34)
réklamé advertisement (11)
rém brake (32)
remaja teenager (3)
rempah-rempah spices (13)
rempahi season (17)
rencana article (11)
rénda lace (6)
rendah low (40)
rendang simmer (17)
restu blessing (37)
riang cheeful (29)
ringan light (40)
ringkasan summary (16)
risalah brochure (16)
roda wheel (32)
roh soul (37)
rok skirt (6)
rokok cigarette (7)
roman novel (16)
roti bread (12)
ruang(an) room (10)
rugi loss (34)
rukun pillar (37)
rumah house (10), (36)
rumput grass (15)

S

saat moment (19)
sabar patient (22)
sah legal (38)
sahkan confirm (26)
sahabat friend (3)
saham share (34)
sakit illness (35)
saksi witness (38)
saku pocket (6)
salah wrong (24)
salai smoke (17)
salat praying (37)
salin change (28)
saluran drain (10)
sama with (9)
sama dengan as … as (39)
sambal chilli (13)
sambil as (39)
sampai arrive (4); till (39)
sampan boat (32)
samudra sea (21)
sana there (2)
sandal sandal (7)
sandiwara drama (16)
sangat very (20)
sanggup capable (25)
sapi cow (23)
sapu broom (10)
sari buah juice (14)
saring sift (17)
saringan sieve (8)
sarjana scholar (11)
sarung sarong (6)
sastra literature (16)
satukan unify (26)
saudagar merchant (30)
saudara brother (1)
saus sauce (13)
sawan apoplexy (35)

334

sawi cabbage (13)
saya I, me, my, mine (2)
sayur vegetable (13)
seakan-akan as if (39)
sebab because (39)
sebagai like (39)
sebelah beside (9)
seberang opposite (9)
sebutan pronunciation (11)
sedang still (25); average (40)
sedangkan whereas (39)
sedap delicious (18)
sedekah alms (37)
sederhana simple (22)
sedia willing (25)
sedihkan sadden (26)
sedikit little (20), few (40)
segala all (2)
segan reluctant (24)
segar fresh (18)
segenap all (2)
séhat healthy (22)
sejak since (9), (39)
sejarah history (11)
sejuk cold (22)
sekali very (20)
sekalipun even (39)
sekarang now (19)
sekitar around (9)
sekeliling around (9)
sekolah school (36)
sékretaris secretary (31)
selada lettuce; salad (13)
selai jam (15)
selaku as (9)
selamatkan save (26)
selat straits (21)
seléndang scarf (6)
selesaikan finish (26)
selésma cold (35)
selimut blanket (6)

selokan drain (10)
seluruh whole (2)
semangat soul (37)
sembahyang praying (37)
sembari while (39)
sembelit constipation (35)
sembuh cure (35)
semenjak since (9), (39)
sementara while (39)
semesta whole (2)
sempurnakan perfect (26)
semua all (2)
semut ant (23)
senang happy (24)
senapan gun (33)
sendiri self (2)
séndok spoon (8)
seni art (16)
senja dusk (19)
senjata arms (33)
seolah-olah as if (39)
sépak kick (28)
sepatu shoes (7)
sepéda bicycle (32)
seperti as (9)
sepupu cousin (1)
serakah greedy (29)
serambi porch (10)
serang attack (28), (33)
serangan jantung stroke (35)
serangga insect (23)
serbuk flour (13)
serigala wolf (23)
séro stock (34)
sérsan sergeant (33)
serta with (9)
sesudah after (39)
sesudah itu afterwards
sétan devil (37)
setasiun station (32)
setelah after (39)

setélan suit of clothes (6)
seteru enemy (33)
setia loyal (29)
setrop syrup (14)
setuju agree (27)
seusai after (39)
séwa rent (32)
siang daytime (10.00 a.m.–3.00 p.m.) (19)
siapa who, whose (2)
siapkan prepare (17)
sibuk busy (24)
sidang session (38)
sikat comb (7)
siksaan torture (38)
silap wrong (24)
SIM driving licence (3)
simpan keep (28)
simpulkan conclude (26)
singa lion (23)
sini here (2)
siput snail (23)
sirih betel leaf (13)
sisir comb (7)
siswa student (31)
situ there (2); lake (21)
sogok bribe (38)
sohor famous (29)
sombong conceited (29)
songkok cap (7)
sop soup (12)
sopan polite (29)
sopi manis liquour (14)
sopir driver (31)
soré (3.00-6.00 p.m.) afternoon (19)
soto soup (12)
stadion stadium (36)
suami husband (1)
suap bribe (38)
subuh dawn (19)
suci holy (37)

sudah already (25)
sudi like (25); willing (25)
sudut cornèr (10)
suka like (25)
sukar difficult (22)
sulit difficult (22)
sumpah oath (38)
sumur well (10)
sunat circumcision (37)
sungai river (21)
sungguh really (20)
sungguhpun although (39)
supaya in order to (39)
surat letter (11)
surau mosque (36)
surga heaven (37)
suruh ask (28)
surya sun (21)
susah difficult (22)
susu milk (14)
sutera silk (6)
syamsu sun (21)

T

tabungan savings (34)
tadi just now (19)
tagih claim (27)
tagihan claim (34)
tahan endure (27)
tahu know (28)
tahun year (19)
tajam sharp (22)
taksi taxi (32)
taksir estimate (27)
taksiran estimate (34)
takut afraid (24)
talam tray (8)
tali string (7)
tamak greedy (29)

tambah increase (4), (21)
tamtama corporal (33)
tanah earth (21)
tanak cook (17)
tanam plant (28)
tangan hand (5)
tangga stairs (10)
tanggal date (19)
tangkai stalk (15)
tangkap catch (28)
tanpa without (9)
tante aunt (1)
tanur oven (8)
tanya ask (28)
tanya-jawab interview (11)
tapis filter (17)
tarian dance (16)
tarif fare (32); rate (34)
tarik pull (28)
taruh put (28)
tas bag (7)
tasik lake (21)
tatkala when (39)
tawar insipid (18); bargain (27)
tebal thick (22)
tébése tuberculosis (35)
tebu sugar cane (15)
tegang tense (22)
tegas firm (22)
téh tea (14)
tekanan pressure (35)
téko pot (8)
tekun diligent (29)
telaga lake (21)
telah already (25)
telinga ear (5)
teliti careful (24)
teluk bay, gulf (21)
telur eggs (12)
teman friend (3)
tembakau tobacco (15)

témbok wall (10)
tempat container (8)
tempur battle (33)
temu meet (28)
tenang calm (22)
tendang kick (28)
tengah still (25)
tengah hari noon (19)
tentang about (9)
tentara army (33)
tentu certainly (20)
tentukan decide (26)
tepat exactly (20)
tepung flour (13)
terasi condiment (13)
terdakwa accused (38)
terhadap about (9)
terigu (wheat) flour (13)
terima receive (27)
terjemahan translation (16)
terkenal famous (29)
terlalu too (20)
terlampau too (20)
tersenyum smile (4)
tertuduh accused (38)
terung eggplant (13)
tetapi but, however (39)
tiap each (2)
tiang pillar (10)
tiba arrive (4)
tidak no, not (25)
tidur sleep (4)
tikar mat (6)
tikét ticket (32)
tikus mouse (23)
tilam mattress (6)
tim steam (17)
timbang weigh (27)
timbangan scales (8); review (11)
timun cucumber (13)
tinggal live (4)

tinggi high (40)
tingkat floor (10)
tinjauan review (11)
tipis thin (22)
tipu cheat (27)
tirai curtain (6)
tiram oyster (12)
titian bridge (10)
toko shop (36)
tolak push (28)
tolol silly (29)
tolong try (25); help (27)
tombol button, knob (10)
tongkat stick (7)
topi hat (7)
traktir treat (27)
trampil skillful (29)
tuak toddy (14)
Tuan Mr. (2)
tuang pour (17)
tubuh body (5)
tudung muka veil (6)
Tuhan God (37)
tukang craftman (31)
tukar change (27)
tulang bone (5)
tulisan article (11)
tumbuh-tumbuhan plants (15)
tumbuk pound (17)
tumit heel (5)
tumis saute (17)
tumpul dull (22)
tunas shoot (15)
tunggu wait (4)
tunjuk show (27)
tunjukkan indicate (26)
tuntut claim (27)
turun decrease, descend (4)
turut follow (28)
tutup lid (8); close (27)

U

uang money (34)
ubah change (27)
ubi tuber (12)
ubin tiles (10)
udang prawn, shrimps (12)
udara air (21)
ujian examination (11)
ulama leader (in Islam) (30)
ulang tahun birthday (3)
ulat caterpillar (23)
umumkan announce (26)
umur age (3)
undang invite (28)
undang-undang act (38)
ungkapkan reveal (26)
universitas university (36)
untuk for (9)
untung fortunate (24); profit (34)
upacara ceremony (37)
usia age (3)
usir chase (28)
usulkan propose (26)
utang debt (34)

V

vak field (11)
valuta currency (34)

W

wajah face (5)
wajib must (25)
wakil agent (31)
waktu time (19); when (39)
walaupun although (39)
wali guardian (3)

wangi fragrant (18)
wanita woman (3)
warga citizen (3)
wartawan journalist (30)
warung shop (36)
wawancara interview (11)
wayang puppet (16)
wésél draft (34)
wiraswasta entreprenuer (30)
wisatawan tourist (32)
wisma building (36)
wortel carrots (13)

Y

yakinkan convine (26)
yang mana which (2)

Z

zakar male genital (5)
zaman age (19)
zina adultery (38)

REFERENCES

1. Agata Parsidi, *Kamus Akronim dan Singkatan*, Jakarta, 1992.
2. Ateng Winamo, *Kamus Singkatan dan Akronim*, Yogyakarta, 1991.
3. Anton M Moeliono, et. al., *Kamus Besar Bahasa Indonesia*, Jakarta, 1990.
4. Bazar Harahap, A., *Kamus Professional*, Jakarta, 1991.
5. Dewan Bahasa & Pustaka, *Kamus Inggeris-Melayu Dewan* (An English-Malay Dictionary), Kuala Lumpur, 1992.
6. Echols, J.M. & Hassan Shadily, *An English Indonesian Dictionary,* Ithaca, Cornell University Press, 1975.
7. Echols, John M & Hassan Shadily (revised and edited by John U Woff & T Collins), *An Indonesian-English Dictionary*, Ithaca, Cornell University Press, 1989.
8. Guritno, T., *Kamus Ekonomi Perbankan*, Yogyakarta, 1992.
9. Labrousse, Pierre, *Kamus Umum Indonesia-Prancis*, Jakarta, 1985.
10. Longman, *Language Activator*, England 1994.
11. Leo Suryadinata and Abdullah Hassan, *Times Comparative Dictionary of Malay-Indonesian Synonyms*, Singapore, Times Books International, 1991.
12. McArthur, Tom, *Longman Lexicon of Contemporary English*, United Kingdom, 1987.
13. Peter Salim, *The Contemporary English-Indonesian Dictionary*, Jakarta, 1985.
14. Serumpaet, J.P., *Modern Usage in Bahasa Indonesia*, Australia, 1980.
15. Schmidgal Tellings, A Ed & Alan M Stevens, *Contemporary Indonesian-English Language Dictionary*, Athens, 1981.
16. Soejono Dardjowidjojo, *Vocabulary Building in Indonesian*, Ohio, 1984.
17. Teeuw, A, *Kamus Indonesia-Belanda*, Jakarta, 1991.

TIMES LEARN INDONESIAN

Standard Indonesian Made Simple *by Dr. Liaw Yock Fang with Dra Nini Tiley-Notodisuryo*
An intensive Standard Indonesian language course designed for beginners to gain mastery of the language.

Speak Standard Indonesian: A Beginner's Guide *by Dr. Liaw Yock Fang with Drs. Munadi Patmadiwiria & Abdullah Hassan*
An easy and comprehensive guide which enables you to acquire fluency and confidence in speaking Indonesian in only a few months.

Indonesian In 3 Weeks *by Dr. Liaw Yock Fang with Drs. Munadi Patmadiwiria & Abdullah Hassan*
A teach-yourself Indonesian book that enables you to understand what people say to you, and to make yourself understood in everyday situations.

Easy Indonesian Vocabulary: 1001 Essential Words *by Dr. Liaw Yock Fang*
A handbook to enlarge your vocabulary and to ensure effective communication in Indonesian on a wide range of topics.

Indonesian Grammar Made Easy *by Dr. Liaw Yock Fang*
A companion volume to *Easy Indonesian Vocabulary: 1001 Essential Words*, this comprehensive book enables you to learn Indonesian at ease.

Indonesian Phrase Book For Tourists *by Nini Tiley-Notodisuryo*
A handy reference for every traveller, it helps you in everyday situations during your stay in Indonesia.

TIMES LEARN MALAY

Malay in 3 Weeks *by John Parry and Sahari Sulaiman*
A teach-yourself Malay book that enables you to communicate in practical everyday situations.

Malay Made Easy *by A.W. Hamilton*
How to speak Malay intelligibly and accurately.

Easy Malay Vocabulary: 1001 Essential Words *by A.W. Hamilton*
A handbook to enlarge your vocabulary and to ensure effective communication in Malay on a wide range of topics.

Speak Malay! *by Edward S. King*
A graded course in simple spoken Malay for English-speaking people.

Write Malay *by Edward S. King*
A more advanced course on how to read and write good modern Malay.

Learn Malay: A Phrase a Day *by Dr. G. Soosai*
A simple but comprehensive way to learn Malay in 365 days.

Converse in Malay *by Dr. G. Soosai*
A compilation of the highly successful RTM *Radio Lessons* series, a programme which proved both popular and beneficial to thousands of listeners in mastering Malay.

Malay Phrase Book For Tourists *by Hj Ismail Ahmad & Andrew Leonki*
The indispensable companion, it helps tourists in everyday situations in a Malay-speaking world.

Standard Malay Made Simple *by Dr. Liaw Yock Fang*
An intensive Standard Malay language (bahasa Melayu baku) course designed for adult learners with no previous knowledge of the Malay language.

Speak Standard Malay: A Beginner's Guide *by Dr. Liaw Yock Fang*
An easy and comprehensive guide which enables you to acquire fluency and confidence in speaking standard Malay in only 3 months.

DICTIONARIES/THESAURUS

Times Comparative Dictionary of Malay-Indonesian Synonyms
compiled by Dr. Leo Suryadinata, edited by Professor Abdullah Hassan
For learners of Malay and Indonesian who want to know the differences that exist between the two languages.

Tesaurus Bahasa Melayu *by Prof. Madya Noor Ein Mohd Noor, Noor Zaini Mohd Ali, Mohd Tahir Abd Rahman, Singgih W. Sumartoyo, Siti Fatimah Ariffin*
A comprehensive A–Z thesaurus that enables you to master Malay vocabulary effectively.

THE AUTHOR

Dr. Liaw Yock Fang acquired his B.A. and M.A. in Indonesian Language and Literature from the University of Indonesia in Jakarta, Indonesia. He also holds a Drs. and Dr. of Literature degrees in Indonesian Language and Literature from the University of Leiden, Leiden, the Netherlands.

His main publications include *Sejarah Kesusastraan Melayu Klasik* (History of Classical Malay Literature) (1975) – a new version of the book now in two volumes, has recently been published in Jakarta; *Undang-Undang Melaka* (The Laws of Malacca) (1976); *Pelajaran Bahasa Melayu 1A – 6B* (co-author, 1982) – a series of textbooks approved by the Ministry of Education for primary schools in Singapore; *Kursus Bahasa Nasional I – IV* (1984) – also an approved series for secondary schools in Singapore; and *Nahu Melayu Moden* (Modern Malay Grammar) (1985) – a new version of the book, with the co-operation of Prof. Abdullah Hassan from Universiti Sains Malaysia, has recently been re-issued under the same title in Kuala Lumpur.

Dr. Liaw has been teaching Malay/Indonesian language and literature since 1966. He has for a number of years served as an Examiner in Malay in the former Malaysian Certificate of Education (MCE) Examination and the present Singapore Cambridge GCE 'O' and 'A' Level Examinations. He is also a member of the Malay Language Council (Majlis Bahasa Melayu) in Singapore.

Although Dr. Liaw is a retired Associate Professor from the Department of Malay Studies, National University of Singapore, he still teaches Malay language in the department, and Indonesian language in the M.A. in Southeast Asian Studies programme.